GW00360686

Staidéar i ndiaidh 1900

Staidéar i ndiaidh 1900

• **Sheelagh Dean**   • **Vivien Kelly**   • **Julie Taggart**

HODDER EDUCATION

AN HACHETTE UK COMPANY

Tá creidiúintí agus aitheantais a bhaineann le grianghraif ar lch. 108

Rinneadh gach iarracht dul i dteagmháil le sealbhóirí cóipchirt, ach más amhlaidh gur fágadh duine ar bith acu ar lár trí thaisme, beidh na foilsitheoirí breá sásta an deis a thapú leis na socruithe cuí a dhéanamh.

Cé go ndearnadh gach iarracht cinnte a dhéanamh de gur ceart iad seoltaí na suíomhanna gréasáin ag am an fhoilsithe, níl Hodder Education freagrach as ábhar suímh ar bith a luaitear sa leabhar seo. Féadtar leathanach athshuite gréasáin a aimsiú uaireanta trí sheoladh an leathanaigh bhaile do shuíomh gréasáin a chlóscríobh san fhuinneog URL den bhrabhsálaí agat.

Tá sé ina polasaí ag Hachette UK páipéir a úsáid atá nádúrtha, in-athnuaite agus in-athchúrsáilte agus atá déanta as adhmad a fhástar i bhforaoisí inbhuanaithe. Táthar ag dúil leis go bhfuil na próisis a bhaineann le lománaíocht agus déantúsaíocht ag cloí le rialúcháin na timpeallachta sa tír bhunaidh.

Orduithe: gabh i dteagmháil le Bookpoint Ltd, 130 Milton Park, Abingdon, Oxon OX 14 4SB. Guthán: +44 (0)1235 827720. Facs: +44 (0)1235 400454. Línte oscailte 9.00a.m.–5.00p.m., Luan go Satharn, le seirbhís teachtaireachtaí 24 uair an chloig. Tabhair cuairt ar an suíomh gréasáin ag: www.hoddereducation.co.uk

© Sheelagh Dean, Vivien Kelly, Julie Taggart 2009
Arna fhoilsiú den chéad uair i mBéarla in 2009 ag
Hodder & Stoughton Limited
An Hachette UK Company
338 Euston Road
London NW1 3BH

Uimhir cló   5   4   3   2   1
Bliain   2015   2014   2013   2012

Arna aistriú ag CCEA 2012

Gach ceart ar cosaint. Diomaite d'úsáid ceadaithe ar bith faoi dhlí cóipchirt RA, ní ceadmhach aon chuid den fhoilseachán seo a mhacasamhlú nó a tharchur i bhfoirm ar bith nó trí mheáin ar bith, leictreonach nó meicniúil, arna n-áirítear fótachóipeáil agus taifeadadh, nó é a choinneáil istigh in aon chóras stórála agus aisghabhála, gan cead scríofa ón fhoilsitheoir nó faoi cheadúnas ón Ghníomhaireacht um Cheadúnú Cóipchirt. Is féidir tuilleadh mionsonraí ar a leithéid de cheadúnais (le haghaidh macasamhlú athghrafach) a fháil ón Copyright Licensing Agency Limited, Saffron House, 6–10 Kirby Street, London EC1N 8TS.

Grianghraf Clúdaigh © Tony Pleavin/Alamy
Léiriúcháin le Barking Dog/Tony Randall
Clóchur in Impiriúil 10.5pt le Fakenham Prepress Solutions, Fakenham, Norfolk, NR21 8NN
Arna phriontáil san Iodáil

Tá taifead catalóige don teideal seo ar fáil ón Leabharlann Bhriotanach.

ISBN: 978 14441 75363

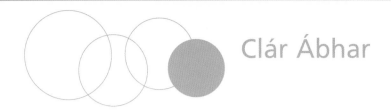

Clár Ábhar

Do bhealach tríd an leabhar seo

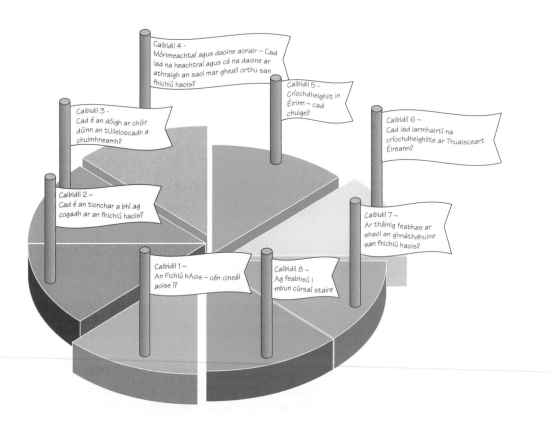

Caibidil 4 - Mórimeachtaí agus daoine aonair – Cad iad na heachtraí agus cé na daoine ar athraigh an saol mar gheall orthu san fhichiú haois?

Caibidil 5 - Críochdheighilt in Éirinn – cad chuige?

Caibidil 6 – Cad iad iarmhairtí na críochdheighilte ar Thuaisceart Éireann?

Caibidil 3 - Cad é an dóigh ar chóir dúinn an tUileloscadh a chuimhneamh?

Caibidil 2 – Cad é an tionchar a bhí ag cogadh ar an fhichiú haois?

Caibidil 7 – Ar tháinig feabhas ar shaol an ghnáthdhuine san fhichiú haois?

Caibidil 1 – An Fichiú hAois – cén cineál aoise í?

Caibidil 8 – Ag feabhsú i mbun cúrsaí staire

Agus do bhealach á dhéanamh agat tríd an leabhar seo, tosóidh tú ar na scileanna a fhorbairt a bheidh de dhíth ort le sult a bhaint as an stair agus le bheith cumasach ina ceann. Tá teidil na gcaibidlí ar na crainn bhrataí thuas, agus tá ceist mhór le gach ceann acu.

SCILEANNA AGUS ÁBALTACHTAÍ

Sna Caibidlí 1–7 aimseoidh tú:

- **Cuspóirí Foghlama**. Inseoidh siad seo duit na scileanna agus an t-eolas a gheobhaidh tú sa chaibidil.
- **Deilbhíní Scileanna agus Ábaltachtaí.** Taispeánfaidh siad seo ar an toirt na deiseanna a bheidh agat roinnt scileanna traschuraclaim a fhorbairt. Mínítear na deilbhíní sa tábla uachtair thall.
- **Bí Gníomhach.** Is tascanna iad seo a chuideoidh leat do scileanna smaointeoireachta agus staire a fheabhsú.

- **Pleanáil, Déanamh, Athbhreithniú.** Cuideoidh sé seo leat do chuid oibre uilig a thabhairt le chéile ag deireadh na caibidle agus cuirfidh sé deis ar fáil duit machnamh a dhéanamh ar a chumasaí a bhí tú.
- **Eochairfhocail.** Tá siad seo á n-aibhsiú le ceannlitreacha beaga agus á míniú sa ghluais ag deireadh an leabhair.

Sa chaibidil dheireanach den leabhar (Caibidil 8) iarrfar ort athbhreithniú a dhéanamh ar do chuid foghlama sa chúrsa. Leis seo a dhéanamh, caithfidh tú an t-eolas, na scileanna agus an taithí a d'fhorbair tú a úsáid.

EOCHAIRGHNÉITHE

Sa Chúrsa Staire Eochairchéim 3 agat, déanfaidh tú staidéar fosta ar ghnéithe den am a chuaigh thart a chuideoidh leat an tuiscint agat ar eochairghnéithe an churaclaim a fhorbairt, mar a thaispeántar sa tábla íochtair thall.

Scil/Ábaltacht	Deilbhín	Cur Síos
Bainistiú Faisnéise		Faisnéis a thaighde agus a bhainistiú go héifeachtach le himeachtaí staire a fhiosrú, ar a n-áirítear sonraí príomhúla/bunfhoinsí a shainaithint, a bhailiú agus a úsáid agus réimse d'fhoinsí tánaisteacha a rochtain agus a léirmhíniú.
Smaointeoireacht, fadhbréiteach, cinnteoireacht		Tuiscint staire is doimhne agus cumas léirmheastóireachta is mó a léiriú, smaointeoireacht sholúbtha agus breitheanna réasúnaithe a dhéanamh.
Cruthaitheacht		Cruthaitheacht agus tionscnaíocht a léiriú i mbun smaointe a fhorbairt.
Cumas comhoibrithe le daoine eile		Cumas éifeachtach comhoibrithe le daoine eile a léiriú.
Féinbhainistíocht		Féinbhainistíocht a léiriú trí obair chórasach a dhéanamh, trí thascanna a chríochnú, trí fheidhmíocht a luacháil agus a fheabhsú.

Eochairghné	Cur Síos
Tuiscint phearsanta	An dóigh a ndeachaigh stair i bhfeidhm ar d'fhéiniúlacht, do chultúr agus do stíl mhaireachtála a fhiosrú.
Comhthuiscint	An dóigh a ndearnadh an stair a léirmhíniú go roghnaitheach le smaointe steiréitipiciúla a chruthú agus le barúlacha agus gníomhartha a chosaint.
Sláinte phearsanta	An dóigh agus an fáth ar athraigh caighdeáin sláinte le himeacht aimsire a fhiosrú.
Carachtar morálta	Daoine a deirtear gur sheas siad an fód ar bhonn morálta a fhiosrú agus an spreagadh agus an oidhreacht acu a iniúchadh.
Feasacht spioradálta	Creideamh spioradálta agus oidhreacht sibhialtachtaí a fhiosrú.
Saoránacht	Cúiseanna agus iarmhairtí fadtréimhse agus gearrthréimhse chríochdheighilt na hÉireann agus an dóigh a ndeachaigh sí i bhfeidhm ar Thuaisceart Éireann an lae inniu, eochair-imeachtaí agus uaireanta cinniúna san áireamh, a fhiosrú.
Tuiscint chultúrtha	Tionchar mórimeachtaí/mórsmaointe san fhichiú haois ar an domhan a fhiosrú.
Feasacht ar na meáin	Cumhacht na meán cumarsáide, sa dóigh ar léirigh siad imeacht nó duine mór le rá sa stair, a fhiosrú agus a luacháil go criticiúil.
Feasacht ar mhórcheisteanna eiticiúla	Mórcheisteanna eiticiúla nó daoine mór le rá sa stair a raibh iompar eiticiúil nó mí-eiticiúil ag baint leo a fhiosrú.
Infhostaitheacht	An dóigh a mbeidh scileanna a forbraíodh sa stair úsáideach i réimse gairmeacha, agus tréithe agus mórghníomhartha fiontraithe le himeacht aimsire, a fhiosrú.
Feasacht ar an eacnamaíocht	Nádúr athraitheach an gheilleagair áitiúil agus dhomhanda le himeacht aimsire, agus tionchar na teicneolaíochta san ionad oibre thar thréimhse ama, a fhiosrú.
Oideachas don fhorbairt inbhuanaithe	An riachtanas le stair a chaomhnú sa timpeallacht áitiúil agus dhomhanda a fhiosrú, agus tionchar na cogaíochta, na réabhlóidí tionsclaíocha, srl., a luacháil.

Intreoir: Fáilte romhat chuig an fhichiú haois!

Tharla a lán athruithe san fhichiú haois a raibh an domhan ina áit iontach difriúil ag a deireadh leis an áit a bhí ann ag a tús dá mbarr. Baineann an leabhar seo le roinnt de na himeachtaí, na hathruithe agus na huaireanta cinniúna sin – taispeántar roinnt acu san amlíne thíos.

BÍ GNÍOMHACH 1

Smaoinigh agus pléigh

a Tarraing tábla le trí cholún. Cuir **E** ag barr an chéad cholúin, **F** ag barr an dara colún agus **M** ag barr an tríú colún.

b An dtig leat smaoineamh ar dhá imeacht nó ar bheirt chlúiteacha ón fhichiú haois? Scríobh i gcolún **E** iad cionn is go seasann sin don **E**olas atá agat ar an fhichiú haois.

c Éist leis an aiseolas ó do pháirtí – cad é a chuir sé/sí i gcolún **E**? Cuir iad siúd sa tábla agat féin.

d Éist leis an aiseolas ón chuid eile den rang agus inis do chuid barúlacha féin. Cad iad na himeachtaí agus/nó na daoine eile is féidir leat a chur le do liosta **E**?

e Anois, amharc ar an dara colún sa tábla agat, an colún **F**. Cad é an **F**haisnéis ba mhaith leat a fháil ar an fhichiú haois? Cuir dhá cheist sa cholún ar mhaith leat freagraí orthu nó dhá imeacht ar mhaith leat faisnéis a fháil orthu. Inis don chuid eile den rang cad é atá scríofa agat. Cuir imeachtaí eile nár smaoinigh tú orthu cheana féin sa dara colún agat.

Baineann an colún **M** leis an **M**éid a d'fhoghlaim tú faoin fhichiú hAois. Tig leat filleadh air seo ag tús Chaibidil 8 agus é a líonadh isteach roimh dheireadh an chúrsa.

| 1900 | 1903 | 1910 | 1920 | 1921 | 1930 | 1935 | 1940 |

1903   Bunaíodh Aontas Sóisialta agus Polaitiúil na mBan – na Sufraigéidí.
1921   Rinneadh Éire a chríochdheighilt ina dhá stát.
1935   Rith Adolf Hitler dlíthe Nuremburg sa Ghearmáin.
1945   Ligeadh do bhuama adamhach titim ar Hiroshima.
1968   Rinneadh ár ar mhuintir My Lai le linn Chogadh Vítneam.
1969   Bunaíodh Sealadaigh an IRA.
1989   Leagadh Balla Bheirlín.

BÍ GNÍOMHACH 2

Gach imeacht san amlíne thíos, baineann sé le heochair-imeacht nó le huair chinniúnach a bhfuil trácht air sa leabhar seo.

a Amharc ar gach imeacht agus meaitseáil le ráiteas acu seo a leanas é.

i Chuir an t-imeacht seo tús le scoilt na hÉireann ina stát ó thuaidh a dtugtar Tuaisceart Éireann air agus ina stát ó dheas a dtugtar Éire air.

ii Bhí sé seo ina chúis le huafás a bheith ar na milliúin duine, agus le heagla a bheith orthu gur uileloscadh núicléach a bheadh sa Tríú Cogadh Domhanda. Go híorónta, áfach, mhair SAM agus APSS faoi shíocháin go cionn leathchéad bliain ina dhiaidh.

iii Nuair a chonaic muintir Mheiriceá sa bhaile a leithéid seo ar an teilifís thosaigh cuid mhór acu ag doicheall roimh bhaint SAM le Cogadh Vítneam agus cuireadh tús le feachtais in éadan an chogaidh dá bharr.

iv Sa bhliain 1918 thug an tAcht um Ionadaíocht an Phobail cearta vótála do mhná os cionn 30 bliain d'aois a raibh sealúchas acu.

v Bhí sé seo ina shiombail de dheireadh an CHOGAIDH FHUAIR, de thitim an CHUMANNACHAIS mar chumhacht dhomhanda, agus den deireadh le naimhdeas armtha núicléach idir SAM agus APSS.

vi Bhí na gníomhartha seo mar chuid oifigiúil de shraith polasaithe an rialtais NAITSÍOCH a raibh díothú córasach sé mhilliún Giúdach dá ndeasca.

vii Chuir an t-imeacht seo tús le tríocha bliain de na 'TRIOBLÓIDÍ' i dTuaisceart Éireann.

b Baineann staraithe úsáid as na focail seo thíos nuair a chuireann siad síos ar an fháth a bhfuil imeacht *suntasach*. Roghnaigh an focal nó an frása is fóirsteanaí ón liosta le cur síos a dhéanamh ar na seacht n-imeacht ar an amlíne. Mínigh do chuid roghanna do pháirtí agus ina dhiaidh sin déan cinneadh cé acu an aontaíonn tú nó an easaontaíonn tú leis an ráiteas tosaigh gur tharla athruithe móra san fhichiú haois.

…dá bharr	an chéad uair	réabhlóid	thosaigh
forleathan	ábhar ceannródaíochta	thiontaigh	

Is féidir go mbeidh na focail seo thuas ar shuntas ina gcuidiú agat i gCaibidlí 1 agus 4 nuair a fhiosróidh tú na cúiseanna a bhaineann le himeachtaí áirithe a bheith níos suntasaí ná imeachtaí eile.

1960   1968   1969   1970   1980   1989   1990   2000

1 An fichiú haois – cén cineál aoise í?

Sa chaibidil seo foghlaimeoimid:

✓ an dóigh le roinnt eochair-athruithe a tharla san fhichiú haois a shainaithint;

✓ go dtig le hathruithe a bheith dearfach nó diúltach;

✓ an dóigh le téarmaíocht stairiúil a úsáid le faisnéis a shórtáil agus a rangú;

✓ an dóigh le hobair a dhéanamh le daoine eile le toradh deiridh de mhapa coincheap a chur i gcrích a rangóidh roinnt eochair-athruithe san fhichiú haois.

FOINSE 1

Siúlann Buzz Aldrin, spásaire Meiriceánach, ar dhromchla na gealaí, 20 Iúil 1969.

DOMHAN ATHRAITHEACH

San fhichiú haois tháinig athruithe móra ar dhóigh mhaireachtála mhuintir na hÉireann, mhuintir na hEorpa agus muintir codanna eile den domhan. Ó thús go deireadh na haoise d'athraigh chóir a bheith gach gné den saol. Sa chaibidil seo amharcfaidh tú ar chuid de na hathruithe seo agus ar dhearcadh na ndaoine maidir leo, le freagra na ceiste a fháil: 'An fichiú haois – cén cineál aoise í?'

Léiríonn na foinsí ar leathanaigh 8–9 roinnt athruithe a tharla san fhichiú haois.

FOINSE 2

Buaileann diúracán cúrsála Tomahawk, armtha le hábhar pléasctha 1,000 punt, foirgneamh mór cruach a bhfuil painéil choincréite ar an díon aige. Lainseáladh an diúracán as fomhuireán agus thaistil sé 400 míle leis an sprioc a bhaint amach.

FOINSE 3

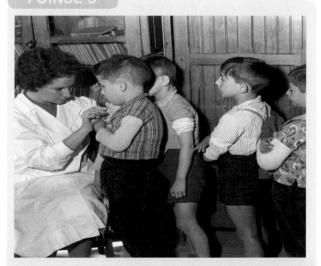

Tá páistí sa Spáinn i líne le hinstealladh ar bholgach a fháil in 1961. Sa bhliain 1980 d'fhógair an Eagraíocht Dhomhanda Sláinte de chuid na NÁISIÚN AONTAITHE go raibh deireadh le baictéir na bolgaí ar domhan.

BÍ GHÍOMHACH 1

Is féidir Foinsí 2 go 7 a chur le chéile ina bpéirí le samplaí de roinnt athruithe a tharla san fhichiú haois a thabhairt. Féadtar na hathruithe seo a chur ina gcatagóirí; mar shampla, d'fhéadfaí 'cogadh' a thabhairt ar chatagóir amháin.

a Meaitseáil foinsí 2 go 7 ina bpéirí fóirsteanacha.

b Cad é an fhoinse as gach péire a thagann ó thús na haoise agus ó dheireadh na haoise?

c Luaigh catagóir do gach péire.

d Cad iad na hathruithe san fhichiú haois is féidir leat a shainaithint ó na trí phéire foinsí?

e Abair go mbeadh ort foinse de do chuid féin a aimsiú lena mheaitseáil le Foinse 1, cad é an cineál foinse a mbeifeá á chuardach? Cad é an catagóir a thabharfá ar an phéire foinsí? An dtig leat níos mó ná freagra amháin a thabhairt?

FOINSE 4

Bhí gléas pionóis sa scoil againn ar tugadh an 'Strapa' air, ar fhad leathair é a raibh cruth hanla ar cheann amháin de agus é gearrtha ina stiallacha ar an cheann eile de. Ní raibh an tUas. Pell sásta lena leithéid, áfach. Bhí a ghléas pionóis féin aige, bata gearr tiubh thart ar throigh ar a fhad. Bheireadh Pell greim láidir ar chaol láimhe an pháiste agus bhuaileadh sé, a liopa íochtarach go daingean faoina chár uachtarach, bos shínte na láimhe. Bhain an chuid eile den rang sult as a bheith ag coimhéad ar na spéaclaí aige ag preabadh orlach in airde ar a shrón de réir mar a bhuail sé gach buille.

Tagann an cuntas seo ar phionós sa scoil as dírbheathaisnéis Sid Manville, ag cur síos ar a óige in Brighton idir na cogaí.

FOINSE 5

Alt 19: Ba chóir go gcinnteodh rialtais go dtabharfaí aire chuí do pháistí, agus go gcosnófaí iad ar fhoréigean, ar mhí-úsáid agus ar fhaillí ag tuismitheoirí nó ag duine ar bith eile a thugann cúram dóibh.

Alt 28: Is ceart agat oideachas. Ba chóir go dtabharfaí meas ar dhínit dhaonna páistí nuair a bhíonn smacht sna scoileanna i gceist. Ba chóir go mbeadh bunoideachas saor in aisce. Ba chóir go gcuideodh tíortha is saibhre le tíortha is boichte é seo a bhaint amach.

Sliocht as Coinbhinsiún na Náisiún Aontaithe um Chearta an Linbh (UNCRC), 1989, idir ballstáit na Náisiún Aontaithe (diomaite de na Stáit Aontaithe agus den tSomáil) ar chearta an duine ba chóir a bheith ag páistí.

FOINSE 6

Is íomhá ón Chéad Chogadh Domhanda é Cath an Somme, Ionsaí Rannán Uladh, le J.P. Beadle. Taispeánann sé 36ú Rannán Uladh ag teacht amach as na trinsí ag Cath an Somme, 1916.

FOINSE 7

Chicago, Aibreán 22 – De réir 'Tuairiscí na Sláinte Poiblí' is déanaí de chuid Sheirbhís Ospidéil Mhuirí sna Stáit Aontaithe, bhí 7,648 cás agus 402 bás mar gheall ar bholgach sa tír sna chéad trí mhí go leith i mbliana… 'Agus', de réir Fheasachán Seachtainiúil Roinn Sláinte na Cathrach, 'níl a dheireadh ann fós, gach cás bolgaí in Chicago le cúig mhí dhéag anuas… tá siad uilig gan vacsaíniú. Ní raibh oiread is cás amháin go dtí seo ina measc siúd a fuair vacsaíniú.

Bhí an t-alt seo sa New York Times, 24 Aibreán 1900.

Bí Gníomhach 2

a Liostaigh na difríochtaí sa stíl mhaireachtála idir 1900 agus 2000 is féidir leat a aithint trí staidéar a dhéanamh ar Fhoinsí 1 agus 2.

b Na sainmhínithe sa bhosca in úsáid agat, déan na hathruithe ar leathanach 11 a chatagóiriú mar 'pholaitiúil', 'shóisialta', 'eacnamaíoch', nó 'chultúrtha'.

c An bhfuil athruithe ar bith ann a fhóireann do níos mó ná catagóir amháin?

d Déan cuardach íomhánna ar an Idirlíon – mar shampla: 'in fashion 1900' – le taighde a dhéanamh ar íomhánna a léiríonn eochair-athruithe san fhichiú haois ar ábhair a bhfuil spéis agat iontu (.i. in áit an fhocail 'fashion', cuir focail a bhaineann le hábhair a bhfuil spéis agat iontu, amhail teicneolaíocht, ceol, siamsaíocht, srl.)

e Déan iarracht na heachtraí stairiúla a shainaithint a raibh tionchar acu ar na hathruithe a d'aimsigh tú.

AN SAOL AG ATHRÚ

Ar leathanaigh 8–9 shainaithin tú ceithre athrú a tharla in Éirinn, san Eoraip agus i gcodanna eile den domhan idir 1900 agus 2000. Tugann an tábla ar leathanach 11 breac-chuntas ar dhosaen mórathruithe eile sa Ríocht Aontaithe san fhichiú haois.

Uaireanta baineann staraithe úsáid as sainteanga le faisnéis a rangú. Go háirithe, úsáideann siad focail cosúil le 'polaitiúil', 'sóisialta', 'eacnamaíoch' nó 'cultúrtha' agus iad ag cur síos ar eachtraí nó ar athruithe sa stair. Sa bhosca thíos tugtar míniú ar na téarmaí seo.

 'Polaitiúil' – an dóigh a rialaítear an tír.

 'Sóisialta' – an modh maireachtála a bhíonn ag daoine, agus na cineálacha caidrimh idir na daoine i bpobal ar leith. San áireamh fosta bheadh, mar shampla, na cineálacha tithe a mbíonn na daoine ina gcónaí iontu.

 'Eacnamaíoch' – an tslí bheatha a bhíonn ag daoine, na cineálacha oibre a dhéanann siad agus an caighdeán maireachtála atá acu.

 'Cultúrtha' – an modh maireachtála ag grúpa daoine, ar a n-áirítear ealaín agus litríocht, cineálacha de chaitheamh aimsire agus ábhair chreidimh an phobail. Tagann siad seo mar oidhreacht ó ghlúin go glúin. Is féidir, mar sin, baint a bheith ag éadaí, ag teanga agus ag creideamh le féiniúlacht chultúrtha.

FOINSE 1

Cruinníonn teaghlach le chéile ag an Nollaig, c. 1900.

FOINSE 2

Teaghlach nua-aimseartha sa seomra suí.

	Ag tús an fichiú haois	Ag deireadh an fichiú haois
Rialtas	… bhí an cúigiú cuid den domhan in IMPIREACHT NA BREATAINE, mar shampla an India, líon tíortha san Aifric, Ceanada, an Astráil agus an Nua-Shéalainn.	… ní raibh Impireacht na Breataine ar an saol a thuilleadh – bhí neamhspleáchas ag cuid mhór IARCHOILÍNEACHTAÍ. Chuaigh líon mór daoine ó na hiarchoilíneachtaí go dtí an Bhreatain.
	… bhí Éire go hiomlán faoi riail dhíreach na Breataine.	… bhí CRÍOCHDHEIGHILT i bhfeidhm in Éirinn. Bhí an chuid thoir thuaidh faoi réimeas na Ríochta Aontaithe agus bhí an chuid eile den tír neamhspleách.
	… ní raibh cead ag mná, agus ag cuid mhór fear, vóta a chaitheamh.	… bhí córas daonlathach i bhfeidhm sa Bhreatain agus bhí vóta ag gach duine os cionn 18 mbliana d'aois.
Taisteal	… d'fhan daoine sa tír amháin feadh a saoil de ghnáth – sa bhaile bheag chéanna go minic.	… bhí cúrsaí taistil éascaithe go mór ag olltáirgeadh gluaisteán. Bhí cónaí ar dhaoine sna bruachbhailte go minic agus thaistil siad isteach chun na hoibre sa chathair.
	…ní dheachaigh daoine thar lear de ghnáth mura raibh siad iontach saibhir.	… thaistil líon mór den phobal thar lear ar eitleáin.
Cumarsáid	… litreacha ba mhó a bhí mar mheán cumarsáide; cuireadh roinnt teileagram ach scríobh daoine chuig a chéile de ghnáth.	… bhí na meáin chumarsáide athraithe go mór ag ríomhphost agus ag an Idirlíon.
	…bhí an nuacht le léamh sna nuachtáin, go minic roinnt laethanta i ndiaidh gur tharla sé.	… bhí daoine in ann tuairiscí ar eachtraí ar an taobh eile den domhan a chluinstin agus a fheiceáil beo mar gheall ar fhorbairtí craolacháin agus teilifíse.
Obair	…d'oibrigh cuid mhór daoine sna tionscadail throma, amhail Gnólacht Longthógála Harland and Wolff i mBéal Feirste.	… bhí lear mór daoine ag obair sna tionscail seirbhíse, mar shampla in óstáin amhail an Merchant nó an Europa i mBéal Feirste.
Tithíocht	…bhí líon mór oibrithe agus na teaghlaigh acu ina gcónaí i dtithe olca a bhí róbheag dóibh gar don mhonarcha a raibh siad ag obair ann.	… cuireadh tithíocht shóisialta – amhail tithe de chuid na comhairle – ar fáil ó na 1940í agus na 1950í ar aghaidh. Bhí borradh sa líon daoine ar leo féin a gcuid tithe.
Siamsaíocht	…sa Bhreatain chuaigh na daoine chuig na hallaí ceoil faoi choinne a gcuid siamsaíochta. D'fhéadfadh siad dul fosta chuig an phictiúrlann le scannáin gan focail a fheiceáil.	… bhí tromlach na ndaoine ag amharc ar an teilifís sa bhaile. Bhí seinnteoir fístéipeanna nó DVD sa bhaile acu le scannán a fheiceáil.
Cúrsaí sóisialta	… b'éigean do na boicht agus don lucht dífhostaithe dul go TEACH NA MBOCHT.	… Bhí leas sóisialta á sholáthar ag an STÁT LEASA ó chliabhán go cróchar.
	… bhain ceisteanna amhail imní faoin timpeallacht nó faoi fhaoiseamh ar ghorta le carthanais aonair.	… bhí feasacht ar chúrsaí sóisialta á méadú ag rialtais agus ag gníomhaireachtaí idirnáisiúnta agus rinne siad beart de réir na mbriathra go minic.

BÉIMEANNA DIFRIÚLA

Bhreathnaigh tú ar roinnt athruithe a tharla san fhichiú haois agus d'úsáid tú catagóirí leis na cineálacha athruithe a shainmhíniú. Anois amharcfaidh tú ar an méid a bhí le rá ag daoine éagsúla maidir le heochairghnéithe den fhichiú haois.

Agus an dara cogadh domhanda ag teacht chun deiridh, bhí rialtas Mheiriceá i ndiaidh an cumas a fhorbairt le hairm núicléacha a dhéanamh. Ligeadh do bhuamaí adamhacha titim ar chathracha Hiroshima agus Nagasaki de chuid na Seapáine. Mhaígh rialtas Mheiriceá go sábhálfadh sé lear mór saighdiúirí Mheiriceá toisc go dtabharfadh sé ar na Seapánaigh géilleadh sa chogadh. Sa ghrianghraf taispeántar tuairisceoir Meiriceánach ag stánadh ar léirscrios Hiroshima sa bhliain 1945, i ndiaidh gur phléasc an buama adamhach ann.

BÍ GNÍOMHACH 3

a Cad é mar a mhothaíonn scríbhneoir Fhoinse 1 faoin eachtra a chonaic sé?

b Cad é an ghné den fhichiú haois a gcuireann Foinse 2 síos uirthi?

c Liostaigh na difríochtaí uilig idir Foinse 1 agus Foinse 2. Cad iad na dóigheanna difriúla a ndeachaigh an fichiú haois i bhfeidhm ar scríbhneoirí Fhoinse 1 agus Fhoinse 2? Mínigh an fáth a mbeadh a mhalairt de thuairimí ag an bheirt.

FOINSE 1

B'uafásach an radharc é. Chuaigh na céadta duine gortaithe a bhí ag iarraidh éalú thar an teach againn. Bhí sé ionann is dodhéanta a bheith ag amharc orthu. Bhí na haghaidheanna agus na lámha acu ataithe agus bhí leadhbanna dá gcuid craicínn á scamhadh ón fhíochán agus ar crochadh óna gcorp mar bheadh bratóga ar bhabhdán ann. An mhaidin seo, bhí siad stopaithe. Fuair mé ina luí iad ar gach taobh den bhealach mhór, a oiread sin acu ann nach raibh sé ar mo chumas dul thar bráid gan cos a leagan orthu.

Scríobh an dochtúir Tabuchi, Seapánach, an méid seo thuas ina dhialann ar 7 Lúnasa 1945.Bhí sé ag cur síos ar ar tharla i ndiaidh gur scaoil na Meiriceánaigh buama adamhach ar Hiroshima.

FOINSE 2

Aois an olluafáis a bhí san fhichiú haois dar le lear mór daoine. Thosaigh sí le Cogadh na mBórach, ansin bhí an dá chogadh dhomhanda agus na hainghníomhartha uilig a chuaigh leo, agus ag a deireadh bhí an cogadh, móide glanadh eitneach, sna Balcáin. Táthar ann, áfach, a amharcann siar ar an aois sin agus is cuimhin leo na hábhair mhaíte, amhail daoine ag teacht i dtír ar an ghealach, agus an dul chun cinn teicneolaíochta, an teilifíseán agus an t-inneall níocháin mar shampla, a chuaigh i bhfeidhm chomh mór sin ar an saol gach lae acu. Bhí athruithe móra cultúrtha san fhichiú haois fosta - cosúil le 'Ré an tSnagcheoil', 'Rac is Roll' agus gluaiseacht an Phunc-rac.

Labhraíonn múinteoir staire an lae inniu ar an aois trí chéile.

BÍ GNÍOMHACH 4

a Sa leabhar cleachtaidh agat tarraing tábla le dhá cholún ann do na rudaí dearfacha agus diúltacha a bhaineann leis an saol san fhichiú haois. Déan machnamh ar Fhoinsí 1 go 3, agus cuir iontrálacha isteach sa tábla bunaithe ar an fhaisnéis sna foinsí. Ansin, cuir tuilleadh faisnéise leo ó leathanaigh 10–13.

b Ón méid a d'fhoghlaim tú go dtí seo, cad é do dhearcadh bunaidh ar an fhichiú haois?

BÍ GNÍOMHACH 5

a Tarraing rollchóstóir cosúil leis sin ar leathanaigh 16–17.

b Léigh na fíricí ar leathanaigh 16–17. Roghnaigh carr do gach fíric (tá an chéad cheann déanta). Ar fhorbairt mhaith í a raibh athrú dearfach i saol na ndaoine dá barr agus a chuirfeá go hard ar an rollchóstóir í? Nó ar fhorbairt dhiúltach í a chuirfeá go híseal ar an rollchóstóir? An raibh gnéithe dearfacha agus diúltacha ag baint léi agus chuirfeá leath bealaigh í ar an ábhar sin?

Thosaigh athruithe dearfacha mar gheall ar chuid de na forbairtí fosta, agus b'fhéidir gur mhaith leat iad a chur ar a mbealach suas. B'fhéidir, áfach, go bhfuil a mhalairt fíor agus gur thús le forbairt dhiúltach iad agus chuirfeá ar a mbealach síos iad. (Bain úsáid as saigheada le treo na bhforbairtí a thaispeáint).

c Mínigh agus pléigh na fáthanna le do fhreagraí do pháirtí. Déantar an cleachtadh seo arís i ngrúpaí de cheathrar.

FOINSE 3

Tá réimse is leithne de jabanna ar fáil anois do mhná…na poist is mó cumhacht – sa dlí, sa bhaincéireacht, mar Phríomh-Aire – ar fáil do líon beag acu le tamall anuas, ach tá líon is airde ná riamh roimhe seo acu ann.

Dúirt an staraí Pat Thane an méid seo thuas sa bhliain 1988 faoi thionchar an fhichiú haois ar na hathruithe i ról na mban sa tsochaí.

ROLLCHÓSTÓIR AN FICHIÚ HAOIS

Mar atá feicthe agat, bhí éagsúlacht in imeachtaí an fichiú haois. I ndáiríre, bhí saol an fichiú haois thuas seal thíos seal faoi luasanna difriúla, mar a bheadh rollchóstóir ann. Bhí roinnt athruithe go maith agus roinnt eile go holc; tharla roinnt acu go gasta, tharla roinnt eile de réir a chéile thar thréimhse ama.

12. Gorta: San fhichiú haois meastar go bhfuair 70 milliún duine bás den ocras.

6. VEID/SEIF: aitheanta mar ghalar den chéad uair sa bhliain 1981. Ag deireadh an fichiú haois measadh go raibh 40 milliún duine beo le SEIF, agus go bhfuair 20 milliún duine bás den ghalar.

3. Seirbhís Náisiúnta na Sláinte: cuireadh é seo ar bun sa Bhreatain sa bhliain 1948 sa dóigh go mbeadh cúram leighis saor in aisce ag daoine.

15. Tithíocht: i ndiaidh an Dara Cogadh Domhanda tógadh eastáit chomhairle sa Bhreatain agus i dTuaisceart Éireann le tithíocht shóisialta a chur ar fáil, agus leagadh cuid mhór plódcheantar.

1. Dhá Chogadh Dhomhanda: agus an t-ár agus an léirscrios a tháinig leo.

11. Mná: tháinig feabhas ar shaol na mban sa domhan thiar, ach cé gur mhó ná leathchuid den lucht oibre i Meiriceá iad na mná, ní raibh ach trí faoin chéad de na poist is airde i gcomhlachtaí gnó acu.

9. Sa spás: féadtar 'Aois an Spáis' a thabhairt ar an fhichiú haois; den chéad uair bhí daoine ag siúl ar an ghealach.

7. Cinedhíothú: sa Dara Cogadh Domhanda rinne an stát Naitsíoch sé mhilliún Giúdach agus daoine eile a dhúnmharú. Tharla cinedhíothú in áiteanna eile fosta, i Ruanda sa bhliain 1994 mar shampla.

BÍ GNÍOMHACH 6

a Faigh samplaí d'imeachtaí áitiúla, náisiúnta agus domhanda ar do rollchóstóir.

b Faigh imeacht amháin do gach ceann de na catagóirí seo a leanas
polaitiúil – sóisialta – eacnamaíoch – cultúrtha.

1. Dhá chogadh dhomhanda agus an t-ár agus an léirscrios a tháinig leo.

16. Na Trioblóidí: fuair trí mhíle duine bás de dheasca na dtrioblóidí i dTuaisceart Éireann, 1969–1998.

2. Cóir leighis: rinneadh dul chun cinn mór, mar shampla forbraíodh antaibheath-aigh le hionfhabhtú a throid.

13. Caighdeán maireachtála: d'fheabhsaigh sé do mhórchuid na ndaoine sa domhan thiar faoi dheireadh na haoise.

8. Scoileanna: ag deireadh an fichiú haois bhí chóir a bheith 40 milliún páiste ar domhan nár fhreastail ar scoil.

5. Bochtanas: ag deireadh an fichiú haois bhí 3.8 milliún páiste (duine as triúr) beo faoi bhochtanas sa Bhreatain agus líon mór eile ar fud an domhain.

4. Cumarsáid: cheadaigh dul chun cinn sa chumarsáid do dhaoine teagmháil a dhéanamh lena chéile go furasta agus go gasta fud fad an domhain.

14. Oideachas: sa bhliain 1944 bhí oideachas riachtanach saor in aisce do pháistí sa Bhreatain de bharr Acht Oideachais Butler.

10. Fuinneamh Adamhach: ar na rudaí is mó tábhacht san fhichiú haois, úsáideadh é le leictreachas agus le hairm a dhéanamh.

BÍ GNÍOMHACH 7

a Cuir na sé chritéar suntasachta i bhfeidhm ar na himeachtaí a gcuirtear síos orthu sna Foinsí 1–4. Roghnaigh an t-imeacht is mó suntas.

b Abair go bhfuil ort scéal nuachta ar an teilifís a léiriú agus go dtig leat diancheistiú a dhéanamh ar dhuine amháin a bhaineann le himeacht ar bith acu sin atá luaite anseo. Cad iad na ceisteanna a chuirfeá ar an duine sin?

c Amharc siar ar leathanaigh 10–17. Aimsigh trí imeacht eile a shásaíonn critéir na 'suntasachta'. Mínigh do chuid roghanna do chara leat.

IMEACHTAÍ SUNTASACHA SAN FHICHIÚ HAOIS

Bhain go leor imeachtaí difriúla leis an fhichiú haois. Mar atá feicthe agat, bhí toradh dearfach ar chuid acu agus toradh diúltach ar chuid eile.

Agus rogha á déanamh ag staraithe ar ábhar staidéir – amhail an leabhar seo – caithfidh siad cinneadh a dhéanamh ar shuntas imeachta. Is é is imeacht suntasach ann imeacht:

1 a chuaigh i bhfeidhm ar lear mór daoine;
2 a d'athraigh saol na ndaoine go deo;
3 a insíonn dúinn cad é an saol a bhí ag daoine ag am áirithe;
4 a mbeadh saol difriúil ann murar tharla sé.
5 a bhfuil cuimhne air go fóill;
6 a bhfuil teachtaireacht luachmhar ann fós i saol an lae inniu.

Sna foinsí agus san fhaisnéis ar na leathanaigh seo, léirítear ceithre imeacht shuntasacha san fhichiú haois a raibh bonn morálta nó 'eiticiúil' leo. Déanfaidh tú staidéar ar eachtraí is suntasaí i gCaibidil 4.

FOINSE 1

Mórshiúl an tSalainn, 1930

Bhí an India faoi réimeas Impireacht na Breataine sna 1930í. De réir dlí ní raibh cead ag muintir na hIndia salann a dhéanamh – bhí orthu é a cheannach (ionas go bhféadfadh rialtas na Breataine cáin a ghearradh air). Rinne Mahatma Gandhi agóid ina leith nuair a shiúil sé 241 míle chun na farraige leis na mílte dá lucht leanúna. Nuair a bhain sé ceann scríbe amach rinne sé lán láimhe de shalann. Bhris na céadta eile an dlí ar an dóigh chéanna agus cuireadh an dlí ar ceal.

Rinne Gandhi ceannródaíocht ar phrionsabal 'na hagóide síochánta' a d'úsáid Martin Luther King (féach leathanach 17) agus Réabhlóidí 1989 (féach leathanach 56) ar ball leis an domhan a athrú.

FOINSE 2

Hiroshima, 1945

Sa bhliain 1945, scaoil na Meiriceánaigh buamaí adamhacha ar Hiroshima agus ar Nagasaki. Rinne tú staidéar ar na hiarmhairtí daonna ar leathanach 12. Mhaígh na Meiriceánaigh gur sábháladh beatha daoine cionn is gur chuir sé deireadh leis an chogadh, ach dúradh faoin chinneadh ag an am gur 'bharbarthacht' é, agus deirtear go raibh sé ar na cúiseanna leis an 'chogadh fhuar', nuair a bhí eagla ar dhaoine roimh airm núicléacha.

FOINSE 3

Óráid 'Tá Aisling Agam', 1963

Tugadh daoine gorma go Meiriceá mar sclábhaithe sa chéad dul síos, áit ar chreid cuid den phobal gur chineál ainmhithe iad agus séanadh cearta polaitiúla agus cearta an duine orthu dá dheasca. Seanmóirí Baistigh a bhí in Martin Luther King agus sna 1950í agus sna 1960í ba cheannaire é ar Ghluaiseacht na gCeart Sibhialta a bhain an vóta amach do dhaoine gorma i Meiriceá. Rinne sé an óráid ab iomráití aige ar 28 Lúnasa 1963 ag Leacht Cuimhneacháin Lincoln in Washington: 'Tá aisling agam go dtiocfaidh lá nuair a éireoidh an náisiún seo amach agus go mairfidh sé de réir a chuid prionsabal: "Creidimid gur féin-fhollasach na fírinní seo: mar an gcéanna a cruthaíodh cách…"'

FOINSE 4

Cabhair Bheo, 1985

Sa bhliain 1985 bhí gorta millteanach san Aetóip agus spreagadh Bob Geldof le 'Live Aid' a reáchtáil. Ceolchoirm charthanachta dhomhanda a bhí ann a tharla i Londain, i bhFilideilfia agus i Nua-Eabhrac ag an am céanna ar 13 Iúil 1985. Bhí corradh le 400 milliún duine ag féachaint ar an cheolchoirm in 60 tír éagsúil. Níor tharla a leithéid roimhe sin agus bhí sé ina spreagadh ag ócáidí carthanachta eile amhail 'Lá na nGaosán Dearg', ach spreag sí fosta éileamh sa phobal ar bheart de réir briathra sna tíortha i mbéal forbartha, agus bhí toradh leis nuair a chuaigh rialtais i mbun gníomhartha suntasacha amhail roinnt de na fiacha sa tríú domhan a chur ar ceal.

BÍ GNÍOMHACH 8

a Cuir agallamh ar dhuine a bhí beo nuair a tharla eachtra acu seo. Déan an t-agallamh a thaifeadadh ar fhíseán mar voxpop a chuirfidh tú le do scéal nuachta ar an teilifís. Déan iarracht barúlacha agus mothúcháin an duine a fháil amach seachas ceisteanna a chur air/uirthi a mbeidh leithéid 'tá' nó 'níl' mar fhreagra orthu.

b Is samplaí soiléire iad na trí eachtra i bhFoinsí 1, 2 agus 3 de ghníomhaíocht eiticiúil – dea-ghníomhartha ag dea-dhaoine ar dhea-spreagthaí. An dtig leat smaoineamh ar ghníomhartha 'eiticiúla' eile ag daoine aonair/pobail/rialtais?

c Déan taighde ar dhearcadh an tsaoil maidir le húsáid an bhuama adamhaigh de.

Pleanáil, Déanamh, Athbhreithniú

AN FICHIÚ hAOIS – CÉN CINEÁL AOISE Í?

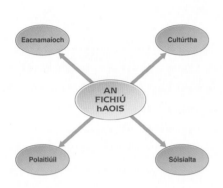

Sa chaibidil seo bhí tú ag amharc ar na cineálacha difriúla imeachtaí a tharla san fhichiú haois. Chonaic tú gur éagsúil ar fad an saol ag tromlach na ndaoine ag deireadh na haoise i gcomparáid le tús na haoise. Chonaic tú fosta gur féidir na himeachtaí agus na forbairtí a bhreithniú ar dhóigheanna éagsúla agus go ndearna roinnt athruithe leas agus roinnt eile aimhleas.

Anois tá sé in am againn an cheist a fhreagairt: 'An fichiú haois – cén cineál aoise í?' Caithfidh tú mapa coincheap a dhéanamh – colláis d'fhocail agus d'iomhánna – leis an cheist seo a fhreagairt.

I ndiaidh duit do mhapa coincheap a chruthú ba chóir duit é a úsáid le cuidiú leat tuairim a fhorbairt ar cad iad na heachtraí agus na hathruithe is mó a tharla san fhichiú haois. Ansin ba chóir go mbeifeá ábalta freagra a thabhairt ar an cheist: 'An fichiú haois … cén cineál aoise í?'

PLEANÁIL

Céim 1

Bíodh grúpaí de cheathrar ann a dhéanfaidh liostaí de na tascanna atá le cur i gcrích leis an mhapa coincheap a dhéanamh agus socraítear teorainn ama agus cuspóirí le gach uile cheann acu. Ar na tascanna le cur i gcrích tá cruinniú eolais, roghnú ábhair don mhapa, cinneadh maidir leis an chur i láthair don chuid eile den rang, srl.

Céim 2

Ba chóir go gcuideodh gach ball den ghrúpa le cruinniú an eolais agus leis an mhapa coincheap a dhéanamh, agus go nglacfadh sé/sí le ról acu seo a leanas fosta:

	**Bainisteoir tionscadail** – cinntíonn sé/sí go bhfuil rud éigin le déanamh ag gach ball den ghrúpa agus go bhfuil sé á dhéanamh ag an duine atá i gceist.
	**Amadóir** – cinntíonn sé/sí go gcloíonn baill grúpa le sprioc-amanna.
	**Rialtóir cáilíochta** – seiceálann sé/sí cáilíocht na hoibre atá á déanamh.
	Láithreoir – cuirfidh sé/sí an mapa coincheap i láthair don chuid eile den rang.

Céim 3

An mapa coincheap a chruthóidh sibh, ba chóir go ndéanfadh sé na heachtraí agus na hathruithe san fhichiú haois a ndearna sibh staidéar orthu a chatagóiriú faoi na ceannteidil seo a leanas:

 polaitiúil eacnamaíoch

 sóisialta cultúrtha

Bíodh duine as an ghrúpa freagrach as faisnéis a bhailiú do gach ceann de na catagóirí thuas.

Nuair a bhaineann eachtraí le dhá chatagóir nó níos mó, roghnaítear duine le faisnéis ar an eachtra sin a chruinniú.

DÉANAMH

Agus an cur i láthair á ullmhú:

1 Tugtar ainm, a bhaineann leis an fhichiú haois, don fhoireann.
2 Baintear úsáid as focail agus as íomhánna ón aois chomh maith le téarmaí stairiúla amhail 'polaitiúil', 'sóisialta', 'eacnamaíoch' agus 'cultúrtha'.
3 Roghnaítear na heachtraí agus na forbairtí is suntasaí amháin.
4 An chaibidil seo mar thúsphointe, déantar tuilleadh taighde le tátail a bhaint a bheas bunaithe ar an fhianaise a aimseofar. Déanfaidh sin an toradh deiridh a neartú.
5 Úsáidtear íomhánna ón Idirlíon, líníochtaí an ghrúpa féin agus gearrthóga as nuachtáin agus as irisleabhair chomh maith le téacs sa mhapa coincheap deiridh.
6 Baintear úsáid as TFC mar áis chuidithe sa taighde, sa táirgeadh agus sa chur i láthair sa mhapa coincheap deiridh.
7 Cuimhnítear ar na naisc idir imeachtaí/forbairtí sa mhapa coincheap a dhéanamh agus a mhíniú.
8 Cuirtear na torthaí ar an fhichiú haois i láthair don chuid eile den rang, chomh maith le tátal deiridh ar an chéad agus cosaint ar an dearcadh agaibh.

ATHBHREITHNIÚ

Roimh chur i láthair deiridh na hoibre, seiceáiltear:

1 go bhfuil roinnt faisnéise ón chaibidil seo ann;
2 go bhfuil roinnt taighde ón Idirlíon agus/nó ón leabharlann ann chomh maith le liosta de na foinsí faisnéise;
3 go bhfuil téacs agus grafaicí sa mhapa coincheap agus go bhfuil ardchaighdeán sa toradh deiridh;
4 go n-úsáidtear téarmaí staire i gceart;
5 go bhfuil freagra na ceiste ann chomh maith le tagairtí do na foinsí ón chaibidil seo agus do do thaithí féin agus sin mar chúltaca leis an fhreagra sin.

2 Cad é an tionchar a bhí ag cogadh ar an fhichiú haois?

Sa chaibidil seo foghlaimeoimid an dóigh:
- ✓ le héagsúlacht foinsí a úsáid le tátail ar an chogaíocht san fhichiú haois a bhaint;
- ✓ le tionchar na n-athruithe i gcogaíocht an fichiú haois, ag an leibhéal áitiúil agus an leibhéal domhanda, a aithint agus a thuiscint;
- ✓ le hobair a dhéanamh ar bhonn aonair agus le daoine eile le heochairghnéithe na cogaíochta san fhichiú haois a chur i láthair.

FOINSE 1

Tógadh Túr Uladh in 1921, i gcuimhne ar na hUltaigh a cailleadh san ionsaí.

FOINSE 2

Cuid d'fhuinneog chuimhneacháin 36ú Rannán Uladh, i Halla na Cathrach, Béal Feirste.

36Ú RANNÁN ULADH

Tugadh an cogadh le deireadh a chur le gach cogadh ar an Chéad Chogadh Domhanda 1914–1918. Coinnítear cuimhne air as siocair shléacht uafásach na bhfear óg i dtrinsí Fhlóndras. Thug fir as gach cearn den domhan aghaidh ar a chéile trasna an chlábair de 'LATRACH AN ÁIR'. Cuireadh RANNÁN ULADH le chéile ag tús an chogaidh agus, cosúil le rannán eile ar oileáin na hÉireann agus na Breataine Móire, bhí saighdiúirí deonacha, deartháireacha, col ceathracha agus cairde ó na bailte beaga agus na sráidbhailte céanna ann.

AN CHÉAD LÁ DE CHATH AN SOMME

Ag 7.30am ar 1 Iúil 1916, bhí 36ú Rannán Uladh orthu siúd a chuaigh sa bhearna bhaoil le hionsaí a dhéanamh ar na Gearmánaigh. Bhí 13ú Fir Raidhfil Ríoga na hÉireann ar thaobh na láimhe clé d'ionsaí an rannáin ar bhruach thuaidh abhainn Ancre. Bhí rath áirithe leis an chéad ionsaí ach rinne meaisínghunnaí sléacht ar na hionsaithe ina dhiaidh sin ón taobh deas agus ón taobh clé trasna an ghleanna. Nuair a brúdh ar dheis iad isteach san áit a raibh 11ú Fir Raidhfil Ríoga na hÉireann bhí deireadh leis na hionsaithe seo go luath. Ar an taobh thall den abhainn, áfach, d'éirigh le rannán Uladh, de bharr trodaireacht fhíochmhar, seilbh a ghlacadh ar Schwaben Redoubt agus ar chúig cinn de thrinsí na nGearmánach. Ina dhiaidh sin, theip ar ionsaí an rannáin ar a dtaobh deas agus scaoileadh orthu dá dheasca ní amháin ón namhaid os a gcomhair amach, ach ó mheaisínghunnaí na nGearmánach ar a dtaobh deas. Ní fhéadfadh siad an fód a sheasamh. Ceithre huaire déag an chloig ina dhiaidh, bhí an gleann arís i seilbh na nGearmánach. Cailleadh breis is 2,000 Ultach, goineadh 2,700, agus gabhadh 165. Bronnadh naoi gcinn de CHROS VICTORIA as eachtraí an lae sin, trí cinn acu ar Rannán Uladh (beirt acu ar dhaoine a cailleadh). Lean an cath ar feadh trí mhí eile.

AN TOISC DHAONNA

Chuir saighdiúirí sa bhearna bhaoil litreacha abhaile agus scríobh siad dánta a d'inis an scéal faoi uafás an Chéad Chogaidh Dhomhanda. Léiríonn na foinsí seo an dóigh a ndeachaigh an cogadh millteanach seo i bhfeidhm orthu.

Saighdiúir Briotanach ar faire sna trinsí le linn an Chéad Chogaidh Dhomhanda.

FOINSE 3

I mí Feabhra 1916, i ndiaidh ionsaí gránáide, tugadh faoi deara go raibh James Crozier, saighdiúir deonach as Béal Feirste, ar iarraidh óna phost agus fuarthas é trína chéile ag fálróid thart taobh thiar den líne chogaíochta a rá go raibh pianta air ó bhun go baithis.

Cuireadh tréigean ina leith. Dúirt a cheannfort, 'Ní fiú faic an saighdiúir seo, tá sé ina leisceoir le tri mhí anuas.' Cuireadh chun báis é ar 27 Feabhra, 1916 – 'ar chúiseanna smachta'.

Scríobh an ceannfort ar ball – 'Ní raibh sé ina chaimiléir a raibh a leithéid de bhás tuillte aige. Ní raibh ann ach gur dhuine leochaileach é.'

FOINSE 4

Tháinig mé ar Ghearmánach a bhí gortaithe go holc. D'aithin mé ar a aghaidh go raibh tart millteanach air. Thug mé mo chuid uisce dó, cé gur sárú orduithe a bhí ann. Ansin, tháinig mé ar dhuine dár gcuid féin agus é chomh dona céanna … d'agair sé orm é a mharú ach ní fhéadfainn.

An Leascheannaire J.A. Henderson ag cuimhneamh ar an méid a rinne sé ar an chéad lá de Chath an Somme.

FOINSE 5

A Mháthair dhil,

Seo roinnt línte le cur in iúl duit go bhfuil mé sábháilte agus go dtugaim buíochas do Dhia as, mar bhí am crua againn san ionsaí a rinne muid…a Mháthair, bhí muid ag siúl ar na mairbh, creidim nach bhfuil fágtha ach tuairim is 400 as 1,300 … a Mháthair, má thugann Dia slán mé chun an bhaile, tá rud millteanach agam le hinsint duit. Más measa ifreann, níor mhaith liom a bheith ann. A Mháthair, scríobh chugam a luaithe agus is féidir.
Do mhac dílis Herbie.

Litir a chuir an Fiúsailéir Herbert Beattie chuig a mháthair, go gairid i ndiaidh an ionsaí ag Somme ar 1 Iúil, 1916.

FOINSE 6

Gone like the snowflake that melts on the river
Gone like the first rays of day's early dawn
Like the foam from the fountain
Like the mist from the mountain
Young Billy McFadzean's dear life has gone

Cuireann an t-amhrán seo an saighdiúir singil William McFadzean, duine de cheathrar Ultach ar bronnadh Cros Victoria orthu as Cath an Somme, i gcuimhne. Printíseach agus imreoir díograiseach rugbaí a bhí ann, agus scríobh sé chun an bhaile: 'Bíonn bród orm nuair a deir sibh sa bhaile gur "mé féin Ógshaighdiúir mhuintir Mhic Pháidín".' Agus 36ú Rannán Uladh réidh le hionsaí a dhéanamh ar 1 Iúil 1916, caitheadh dhá ghránáid isteach sa trinse agus léim William orthu sa dóigh nach marófaí a chuid comrádaithe nuair a phléascfadh siad. Maraíodh é féin.

BÍ GNÍOMHACH 1

Amharc ar Fhoinsí 3 go 6

a Cad iad na freagairtí difriúla a bhí ag na daoine óga seo ar strusanna fisiciúla an chatha? An ábhar iontais iad cuid ar bith de na freagairtí sin?

b De réir na gcritéar ar leathanach 18, ar eachtra 'shuntasach' é ionsaí an 36ú Rannán ar 1 Iúil, 1916?

c Déan taighde ar an Idirlíon le tuilleadh eolais a fháil ar Chath an Somme agus ar William McFadzean nó ar James Crozier.

d Bhí Francis Ledwidge, as Baile Shláine, ar na chéad filí de chuid an Chéad Chogaidh Dhomhanda. Déan taighde ar an Idirlíon le tuilleadh eolais a fháil ar Francis agus ar an fhilíocht a scríobh roinnt saighdiúirí eile ag an am.

TIONCHAR NA TEICNEOLAÍOCHTA

Amharc ar na pictiúir seo de thancanna agus d'eitleáin ón Chéad Chogadh Domhanda agus ón Dara Cogadh Domhanda.

FOINSE 1

Tanc Briotanach Mharc IV ón Chéad Chogadh Domhanda. Bhí sé mall (uasluas 4 msu) tútach mar thanc, agus chuaigh sé in ainghléas go minic. Bhí armúr plátaí cruach 1 mhilliméadar agus ceithre mheaisínghunna aige. Chuidigh an t-inneall anásta seo, áfach, le deireadh a chur le cogaíocht na dtrinsí.

FOINSE 2

Tanc Panzer de chuid na Gearmáine ón Dara Cogadh Domhanda. Bhí uasluas de 26 msu aige. Bhí plátaí cruach 80 milliméadar mar chosaint aige chomh maith le meaisínghunna agus gunna mór 75 mm a scaoil sliogáin phollta armúir ar luas 990 méadar sa soicind a bhí éifeachtach ag raon dhá chiliméadar nach mór. Chiallaigh sé go bhféadfadh arm ionradh a dhéanamh ar chríocha na naimhde i bhfad níba ghasta ná riamh roimhe sin.

FOINSE 3

Seo pictiúr den tríphlána Fokker a d'úsáid Manfred von Richthofen, an Barún Dearg as an Ghearmáin, a leag 80 eitleán de chuid na gComhghuaillithe sa Chéad Chogadh Domhanda. Bhí an t-eitleán mall (uasluas 155 msu), agus chlis ar na sciatháin agus ar an inneall go minic. Bhí dhá mheaisínghunna aige. De ghnáth níor mhair píolóta óg ach corradh beag le trí seachtaine sa Chéad Chogadh Domhanda. D'athraigh an cumas grianghraif a thógáil agus buamaí a scaoileadh ar an namhaid ón aer an dóigh ar troideadh cogaí ina dhiaidh.

FOINSE 4

Shábháil eitleáin den déanamh Spitfire agus Hurricane an Bhreatain i gCath na Breataine sa Dara Cogadh Domhanda. Bhí uasluas de 378 msu ag an Spitfire agus bhí sé armtha le hocht gcinn de mheaisínghunnaí chomh maith le dhá bhuama 250 punt.

Thug Winston Churchill, Príomh-Aire na Breataine, ardmholadh do na píolótaí i mí Lúnasa 1940 nuair a dúirt sé, 'Never in the field of human conflict was so much owed by so many to so few'.

FOINSE 5

Seo Buamadóir Lancaster de chuid an RAF, an buamadóir ab fhearr i gCeannasaíocht na mBuamadóirí sa Dara Cogadh Domhanda. Rinne na buamadóirí seo 156,000 ionsaí agus scaoil siad 608,612 tonna buamaí idir 1942 agus 1945. Bhí uasluas de 280 msu acu agus raon de 3,000 míle. Úsáideadh buamadóirí Lancaster le preab-bhuamaí a scaoileadh i móreachtraí nuair a briseadh dambaí sa Ghearmáin. D'úsáid an dá thaobh sa chogadh eitleáin cosúil leis an Lancaster le buamaí a scaoileadh ar an ghnáthphobal agus ar thargaidí míleata chomh maith.

Blitz Bhéal Feirste

Sa Dara Cogadh Domhanda, agus iad i bhfad ar shiúl ón Ghearmáin, ní raibh muintir Bhéal Feirste ag dúil le haer-ruathair Naitsíocha. Ní raibh ach 200 foscadán aer-ruathair ann, ní raibh aon ghunnaí frith-aerthárthaí ann agus ní dhearnadh aon pháistí a ASLONNÚ, mar a tharla i Londain.

   Ar 15–16 Aibreán, 1941, i ndorchadas na hoíche, d'ionsaigh 180 buamadóir de chuid na Gearmáine ar feadh dhá uair an chloig, ag scaoileadh 203 tonna buamaí agus 800 canna tine; fuair corradh is 900 duine bás. Rinneadh ruathar níos mó arís ar 4–5 Bealtaine, 1941, nuair a scaoil 205 buamadóir Gearmánach 95,992 buama loiscneach agus 237 tonna d'ábhar pléascáin – ba mhó an damáiste a d'fhulaing Béal Feirste san aon oíche amháin sin ná le linn 30 bliain de na Trioblóidí i ndiaidh 1969. Rinneadh damáiste do leathchuid de thithe na cathrach, b'fhéidir, agus ní raibh dídean ag an cheathrú cuid den phobal.

Lár Bhéal Feirste i ndiaidh an Blitz

Bhí Emma Duffin, banaltra as Béal Feirste, gníomhach sa Chéad Chogadh Domhanda agus ábhar uafáis di an méid a chonaic sí:

FOINSE 6

Chonaic mé fir óga ag fáil bháis agus iad gonta go holc, ach ní raibh a dhath ar bith chomh holc céanna leis seo… fuair na fir óga [sa Chéad Chogadh Domhanda] bás i leapacha san ospidéal, dúnadh na súile acu go hurramach, agus cuireadh a gcuid lámh crosach ar a mbrollach. Rud cneasta go pointe a rinneadh den bhás … anseo bhí sé uafásach, bréan, millteanach … iad ina luí ansin le gruaig aimhréidh, súile ag stánadh, lámha crúbacha, géaga casta, clúdach deannaigh ar na haghaidheanna liathghlasa … a gcuid éadaí salacha stróicthe cortha camtha á gcaitheamh acu go fóill. Ba chóir go mbeadh dínit agus suaimhneas sa bhás; bhí an bás féin gránna de dheasca Hitler. Bhí fearg an domhain orm, ba chóir go mbeadh trua, brón orm, ach níor mhothaigh mé ach samhnas agus déistin.

Scríobh Emma Duffin é seo thuas ina dialann.

BÍ GNÍOMHACH 2

Amharc ar Fhoinsí 1 go 5

a Pléigh, le páirtí, an dóigh ar athraíodh an chogaíocht mar gheall ar theicneolaíocht idir an Chéad Chogadh Domhanda agus an Dara Cogadh Domhanda.

b Mínigh an dóigh ar tharla Blitz Bhéal Feirste mar gheall ar athrú amháin acu siúd a léiríodh ar leathanach 24.

c Déan staidéar ar Fhoinse 6. Cad é mar a mhothaigh Emma Duffin faoi na hathruithe sa chogaíocht?
  • Cá hiontaofa atá Foinse 6 ar imeachtaí na hoíche sin dar leat?
  • Cad é an dóigh a bhfuil sé úsáideach ag staraithe i mbun staidéir ar Bhlitz Bhéal Feirste?

d Bain úsáid as an Idirlíon le tuilleadh eolais a fháil ar Bhlitz Bhéal Feirste, 1941.

FOINSE 1

Liosta tíortha a raibh baint acu leis an Chéad Chogadh Domhanda:

an Albáin
an Araib
an Astráil
an Ostair agus an Ungáir
an Bheilg
an Bhrasaíl
an Bhulgáir
Ceanada
an tSín
Cósta Ríce
Cúba
an tSeicslóvaic
an Eastóin
an Fhionlainn
an Fhrainc
an Ghearmáin
Éire agus an Bhreatain Mhór
an Ghréig
Guatamala
Háítí
Hondúras
an Iodáil
an tSeapáin
an Laitvia
an Libéir
an Liotuáin
Lucsamburg
Montainéagró
an Nua-Shéalainn
Nicearagua
Panama
an Pheirs
na Filipíní
an Pholainn
an Phortaingéil
an Rómáin
an Rúis
San Mairíne
an tSeirbia
Siam
an Afraic Theas
an Traschugais
an Tuirc
Stáit Aontaithe Mheiriceá

TIONCHAR DOMHANDA

Troideadh cogadh ar scála domhanda don chéad uair riamh san fhichiú haois nuair a bhí baint ag saighdiúirí ó gach cearn den domhan leis an chogadh chéanna ag an am céanna. Mar shampla, throid saighdiúirí as Béal Feirste nó Glaschú taobh le saighdiúirí as an India nó an Astráil. Is amhlaidh a bhí costas daonna an chogaidh le hiompar ag tíortha agus daoine fud fad an domhain.

FOINSE 2

Tugann saighdiúirí de chuid na hAstráile agus na Nua-Shéalainne (ANZAC) faoi thrinse Turcach ag Gallipoli sa Tuirc in 1915 sa Chéad Chogadh Domhanda. San Astráil agus sa Nua-Shéalainn coinnítear cuimhne ar Lá ANZAC ar 25 Aibreán gach bliain in ómós orthu siúd a fuair bás ag Gallipoli.

FOINSE 3

Reilig chogaidh Mheiriceá gar do Thrá Omaha sa Normainn, an Fhrainc. Gach ponc bán, is uaigh é de dhuine de na mílte saighdiúir Meiriceánach a fuair bás nuair a tháinig siad i dtír D-Day, 6 Meitheamh, 1944, sa Dara Cogadh Domhanda.

FOINSE 4

In aimsir na cogaíochta bíonn saighdiúirí ann a chuireann troid ar a chéile, agus sibhialtaigh ann nach mbaineann go díreach leis an choimhlint. San fhichiú haois, mar gheall ar chúrsaí teicneolaíochta sa chogaíocht, bhí contúirt níba mhó ná riamh ann do shibhialtaigh. San oíche ar 9–10 Márta, 1945, scaoil buamadóirí de chuid Mheiriceá milliún buama loiscneach ar chathair Thóiceo, sa tSeapáin. Dódh an t-aer chomh maith leis na foirgnimh. Na daoine nach bhfuair bás sna tinte, d'éag cuid mhór acu de dheasca easpa aeir.

Scaoil na Meiriceánaigh buama úr marfach, an buama adamhach, ar dhá chathair sa tSeapáin i mí Lúnasa 1945. I ndiaidh léirscrios Hiroshima agus Nagasaki b'éigean do na Seapánaigh géilleadh ar 12 Lúnasa 1945.

FOINSE 5

Throid sé mhilliún saighdiúir as Éirinn agus an Bhreatain Mhór sa Chéad Chogadh Domhanda (1914–1918) agus maraíodh duine as gach ochtar acu ann … 'an ghlúin chaillte' a thugtar orthu go minic. Dar le meastúchán amháin maraíodh 30.58 faoin chéad díobh siúd a bhí idir fiche bliain d'aois agus ceithre bliana is fiche d'aois in 1914, agus maraíodh 28.15 faoin chéad díobh siúd a bhí idir trí bliana déag d'aois agus naoi mbliana déag d'aois.

John Stevenson, *Social History of Britain: British Society, 1914–45 (1990).*

Nuair a scríobh sé an méid seo thuas bhí John Stevenson ina Léachtóir le Stair ag Ollscoil Sheffield.

FOINSE 6

Fuair a oiread sin daoine bás sa Chéad Chogadh Domhanda gur tógadh leachtanna cuimhneacháin sna bailte beaga agus sna cathracha fud fad an domhain a raibh liostaí ainmneacha orthu de na fir uilig as an cheantar sin a fuair bás. Sa phictiúr taispeántar leacht cuimhneacháin cogaidh i nDún Geanainn, Contae Thír Eoghain. Tá ainmneacha 200 fear a fuair bás sa Chéad Chogadh Domhanda luaite ann.

BÍ GNÍOMHACH 3

a Cad é an fhianaise a thugann Foinsí 1–6 gur ar scála domhanda dáiríre a troideadh an dá Chogadh Dhomhanda agus go raibh baint ag tíortha i ngach cearn den domhan leo?

b Bain úsáid as an Idirlíon le liosta de na 'Rannpháirtithe sa Dara Cogadh Domhanda' a fháil.

c Déantar fiosrúchán ranga nó grúpa le fianaise a aimsiú ar thionchar an dá Chogadh Dhomhanda ar an bhaile bheag nó an sráidbhaile áitiúil.

• Cuardaítear fianaise fhisiciúil ar na cogaí (mar shampla, ar leaca in eaglaisí, ar dhealbha, srl.)

• Baintear úsáid as an fhianaise le cur i láthair a ullmhú ar roinnt daoine ón cheantar áitiúil a throid sna Cogaí Domhanda.

COGADH Á THUAIRISCIÚ

Mar gheall ar theicneolaíocht san fhichiú haois, bhí daoine sa bhaile in ann nuacht ó na criosanna cogaíochta a fháil i bhfad níba ghasta. Chonaic siad tuairiscí agus íomhánna na cogaíochta díreach i ndiaidh dóibh titim amach go minic agus thosaigh athrú ag teacht ar an dearcadh acu ar an ábhar dá ndeasca.

FOINSE 1

Sa Chéad Chogadh Domhanda (1914–1918) bhain nuachtáin mór le rá buntáiste as próiseas clódóireachta ar tugadh fótaghrábháil rothlach air, a chuir ar a gcumas mionphictiúir ardchaighdeáin a dhéanamh fiú ar pháipéar saor. Cuireadh an próiseas i bhfeidhm leis an phictiúr thuas a dhéanamh a thaispeánann saighdiúirí as an Fhrainc agus an Bhreatain ag léamh mhír na fótaghrábhála rothlaí san New York Times, 23 Bealtaine, 1915. Thosaigh daoine sa bhaile ar an uafás sna trinsí a thuiscint.

FOINSE 2

Sa Dara Cogadh Domhanda chuir Pathé News na daoine sa bhaile ar an eolas faoin chogadh thar lear. Chuaigh daoine chuig an phictiúrlann áitiúil le híomhánna beo den chogadh a fheiceáil.

Bhí smacht daingean docht ag an rialtas fós ar an méid a bhí daoine in ann a fheiceáil, áfach, agus baineadh úsáid as scannáin le meanma an phobail a choinneáil in airde chomh maith leis an namhaid a léiriú mar bhligeaird.

FOINSE 3

Ba é Cogadh Vítneam an chéad chogadh riamh a chonaic daoine ar an teilifís. Chuaigh pobal Mheiriceá abhaile gach oíche agus d'amharc siad ar íomhánna coscracha an chogaidh – cosúil leis an eachtra seo a tharla nuair a scaoileadh buamaí 'napailme' ar shráidbhaile 'cairdiúil' trí thaisme agus dódh páistí neamhurchóideacha de chuid Vítneam dá dheasca. Thug a lán daoine droim láimhe don chogadh mar gheall air.

FOINSE 4

Ba é Céad Chogadh na Murascaille an chéad chogadh a taispeánadh 'beo' ar an teilifís, agus bhí an lucht féachana in ann breathnú ar imeachtaí de réir mar a thit siad amach 24 uair sa lá. Mhaígh tuismitheoirí agus múinteoirí gur scanraíodh páistí go holc agus iad ag amharc ar chogadh a shíl siad a bheith in aice láimhe.

FOINSE 5

Tugann póilín cupán tae d'fhear a bhfuil cuma chaillte chráite air i ndiaidh an teach aige a bheith scriosta ag roicéad V2 de chuid na Naitsithe (c.1944). Tá oibrithe tarrthála le feiceáil sa chúlra i mbun cuardaigh do dhaoine nach bhfuair bás sa léirscrios; leagadh gach rud i limistéar mór. Taobh thiar den seanfhear tá cúpla pluid, an méid a bhí fágtha aige de mhaoin a shaoil.

Tá tuairisciú déanta ag Jon Swain ar gach cogadh mór ó bhí 1970 ann agus léiríonn an méid a bhí le rá aige thíos an chumhacht atá ag tuairisciú cogaíochta ar mheon an phobail i leith na cogaíochta.

FOINSE 6

Ní chuirfidh scríbhneoireacht chumhachtach ná pictiúir chumhachtacha deireadh le cogaí, ach tá siad luachmhar cionn is go mbíonn sé níos deacra ag muintir an domhain a súile a dhruidim ar dhaoine ag fulaingt.

Jon Swain, iriseoir, as sliocht sa Sunday Times, 6 Iúil 2008.

BÍ GNÍOMHACH 4

a Bain úsáid as Foinsí 1 go 4 leis na hathruithe i dtuairisciú na cogaíochta san fhichiú haois a mhíniú.

b Léigh Foinse 6. Cad chuige a bhfuil fiúntas lena chuid oibre mar thuairisceoir cogaíochta dar le Jon Swain féin? Labhair ar íomhánna na cogaíochta a chuaigh i bhfeidhm ort féin.

c In aimsir na cogaíochta rinne rialtais CINSIREACHT ar nuacht ón chrios cogaíochta. Cad chuige, dar leat, nár mhaith le rialtais go bhfeicfeadh an pobal sa bhaile 'scríbhneoireacht chumhachtach agus pictiúir chumhachtacha'?

d Samhlaigh go bhfuil tú féin beo sa bhliain 1944. Is tuairisceoir cogaíochta tú agus caithfidh tú alt a scríobh ar an radharc in Foinse 5. Tá sé de rún agat tuairisc stuama a scríobh ach ba mhaith leat fosta alt cumhachtach a chur leis an ghrianghraf. Pléigh le páirtí na cúinsí is éigean a chur san áireamh agus an dóigh ar chóir an t-alt seo a scríobh.

NÁISIÚIN I gCOINNE NA COGAÍOCHTA

Déanfaidh tú staidéar ar leathanaigh 28–33 ar iarrachtaí éagsúla ag náisiúin, ag pobail agus ag daoine aonair leis an chogaíocht a chosc nó le cuidiú a thabhairt dóibh siúd a mbaineann an chogaíocht leo.

1 NA NÁISIÚIN AONTAITHE IN ÉADAN NA COGAÍOCHTA

Ó thús na staire tháinig tíortha le chéile i gcomhghuaillíochtaí le hiad féin a neartú agus a ullmhú leis an fhód a sheasamh in aimsir na cogaíochta. San fhichiú haois, áfach, tháinig náisiúin, idir bheag agus mhór, le chéile ó gach cearn den domhan le heagraíocht a bhunú a bhfuil síocháin an domhain mar aidhm aici.

Rinneadh an chéad iarracht sa bhliain 1919, nuair a bhunaigh 42 náisiún CONRADH NA NÁISIÚN. I ndiaidh an Dara Cogadh Domhanda (cogadh ar mhó an líon daoine a maraíodh ann ná in aon chogadh roimhe sin) tháinig náisiúin an domhain le chéile gur bhunaigh

siad eagraíocht i bhfad níba thréine ar tugadh na NÁISIÚIN AONTAITHE uirthi.

Mhaígh a chairt bhunaidh:

FOINSE 1

Tá rún daingean docht againn, Muintireacha na Náisiún Aontaithe, glúine san am atá le teacht a shábháil ar uafás na cogaíochta a raibh léan dothomhaiste ar an chine dhaonna dá dheasca dhá uair sa saol againn … déanfaimid gach iarracht an aidhm seo a chur i gcrích.

Réamhrá Chairt na Náisiún Aontaithe, arna síniú i San Francisco, California ar 26 Meitheamh, 1945 ag 50 náisiún de chuid na Náisiún Aontaithe.

Tagann ionadaithe ó bhallstáit na Náisiún Aontaithe le chéile i bparlaimint na náisiún i Nua-Eabhrac a dtugtar an Comhthionól Ginearálta uirthi. Bíonn vóta amháin ag gach ballstát. Tagann grúpa is lú a bhfuil 15 náisiún ann, a dtugtar an Chomhairle Slándála air, le chéile le bealaí a fhiosrú a dhéanfaidh cogaí a sheachaint nó a stopadh agus an chontúirt a bhaineann le hairm chumhachtacha a laghdú. Is ball seasta den Chomhairle Slándála é an Ríocht Aontaithe.

Comhthionól Ginearálta na Náisiún Aontaithe

Lárionad athaontaithe do pháistí, cuidithe ag CÉINAL (UNICEF), i bPoblacht Dhaonlathach an Chongó.

Baill UNDOF de chuid na Polainne ar patról.

Cad é mar a oibríonn na Náisiúin Aontaithe ar son na síochána?

1 Is í sláinte an domhain a fheabhsú an aidhm atá ag an Eagraíocht Dhomhanda Sláinte. Bhí sí ar thús cadhnaíochta san fheachtas imdhíonta a chuir deireadh le bolgach, agus tá sí anois ar theann a díchill ag iarraidh amhlaidh a dhéanamh le SEIF.

2 Oibríonn Eagraíocht na Náisiún Aontaithe um Fhóirithint Anachaine (UNDRO) le heagraíochtaí amhail An Chros Dhearg le cabhair a chur ar fáil nuair a tharlaíonn tubaistí nádúrtha.

3 Sa bhliain 2000 chomhaontaigh na Náisiún Aontaithe ocht gcinn de 'chuspóirí mílaoise' faoin bhliain 2015, deireadh le fíorbhochtanas, bunoideachas a chur ar fáil do gach páiste, comhionannas inscne a spreagadh agus SEIF a chosc, ina measc.

4 Cuireadh fórsaí coimeádta síochána na Náisiún Aontaithe chuig criosanna coimhlinte nó tubaiste le pobail shibhialtacha a chosaint.

5 Déanann An Eagraíocht Bhia agus Talmhaíochta iarracht ocras an domhain a chloí.

6 Cuireadh an Chúirt Choiriúil Idirnáisiúnta ar bun sa bhliain 2002 le coirpigh chogaidh a chur ar a dtriail.

7 Déanann EOECNA (Eagraíocht Oideachais, Eolaíochta agus Chultúir na Náisiún Aontaithe) urraíocht ar thionscadail chultúrtha agus eolaíocha. Dearbhaíonn sé fosta gur 'Láithreáin Oidhreachta Dhomhanda' iad limistéir a bhfuil tábhacht chultúrtha leo (amhail Clochán an Aifir).

8 Ar 10 Nollaig 1948 rith Comhthionól na Náisiún Aontaithe Dearbhú Uilechoiteann Chearta an Duine a dhearbhaigh go bhfuil: 'Ceart chun na beatha, saoirse agus slándála pearsanta ag gach duine'. Nochtann agus cáineann Comhairle na NA um Chearta an Duine sáruithe ar chearta an duine.

9 Chomhaontaigh na Náisiúin Aontaithe líon comhaontuithe suntasacha dí-armála, m.sh. conarthaí a chuireann cosc le forbairt arm ceimiceach agus baictéareolaíoch. Ón bhliain 1997 ar aghaidh, ba shárú dlí é úsáid na mianach talún de réir Choinbhinsiún Ottawa.

10 Bíonn cinntí á ndéanamh ag an Bhuanchúirt um Cheartas Idirnáisiúnta ar easaontuithe idir náisiúin, a bhaineann le teorainneacha nó le talamh mar shampla.

11 Oibríonn Ciste Éigeandála Idirnáisiúnta na Naisiún Aontaithe do Leanaí (CÉINAL) ar son chearta an linbh le go mairfidh siad beo, le go bhforbróidh siad agus le go gcosnófar iad.

12 Tá obair mhór déanta ag na Náisiúin Aontaithe leis an chontúirt a bhaineann le hairm núicléacha don chine dhaonna a laghdú, m.sh. an Conradh um Chosc ar Thrialacha Núicléacha sa bhliain 1996.

BÍ GNÍOMHACH 5

a Cuidíonn na gníomhaireachtaí de chuid na Náisiún Aontaithe uilig a luaitear ar an leathanach seo le síocháin a chosaint. Pléigh, le páirtí, an dóigh a gcuidíonn gach gníomhaireacht le domhan síochánta a spreagadh.

b Ag obair le do pháirtí arís, tóg mapa coincheap, bunaithe ar an fhaisnéis ar an leathanach seo, a léireoidh an dóigh a n-oibríonn na Náisiúin Aontaithe le síocháin a chosaint. Cuimhnigh na naisc idir na gníomhaireachtaí chomh maith leis na naisc le síocháin a thaispeáint.

c Bain úsáid as an Idirlíon le tuilleadh eolais a fháil ar ghníomhaireacht amháin acu sin thuas. Déan póstaer a spreagfaidh daltaí na scoile fiúntas na heagraíochta a aithint.

13 Tá Gníomhaireacht Idirnáisiúnta d'Fhuinneamh Adamhach ag iarraidh úsáid an fhuinnimh núicléach ar chúiseanna síochánta a spreagadh.

14 Spreagann Comhairle Eacnamaíoch agus Shóisialta na Náisiúin Aontaithe (ECOSOC) comhoibriú idirnáisiúnta.

2 EAGRAÍOCHTAÍ A THACAÍONN LE HÍOSPARTAIGH NA COGAÍOCHTA

San fhichiú haois, cuireadh a lán eagraíochtaí neamhspleácha ar bun le mórcheisteanna daonnúla a ardú i meon an phobail agus le cuidiú a thabhairt dóibh siúd a ndeachaigh cogaí agus tubaistí i bhfeidhm orthu.

FOINSE 1

An Chros Dhearg

Cónaidhm Idirnáisiúnta Chumainn na Croise Deirge agus an Chorráin Dheirg

Bunaíodh an Chónaidhm Idirnáisiúnta sa bhliain 1919 agus cuimsíonn sé 187 ballchumann de chuid na Croise Deirge agus an Chorráin Dheirg, Rúnaíocht sa Ghinéiv agus corradh le 60 toscaireacht atá lonnaithe go straitéiseach agus a thacaíonn le gníomhaíochtaí fud fad an domhain le cuidiú ó na milliúin oibrí deonach. Tá tuilleadh cumann á mbunú faoi láthair. An Corrán Dearg a thugtar ar an eagraíocht seachas an Chros Dhearg i dtíortha Ioslamacha go minic. Is í Cónaidhm Idirnáisiúnta na Croise Deirge agus an Chorráin Dheirg an eagraíocht dhaonnúil is mó ar domhan, a chuireann cuidiú ar fáil beag beann ar

Thit cogadh cathartha coscrach amach i Ruanda sa bhliain 1994. Theith dídeanaithe ón chontúirt a bhain leis na mílístí, agus fuair siad cuidiú ó Choiste Idirnáisiúnta na Croise Deirge, a dhéanann freagairt chumainn náisiúnta na Croise Deirge a chomhordú i gcriosanna coimhlinte.

náisiúntacht, ar chine, ar chreideamh reiligiúnach, ar aicme nó ar thuairimí polaitiúla.

FOINSE 2

Amnesty International

Is daoine coitianta muid sa ghluaiseacht seo as gach cearn den domhan a sheasann an fód ar son na daonnachta agus chearta an duine. Tá sé d'aidhm againn daoine aonair a chosaint áit ar bith a séantar cóir, cothroime agus fírinne. Le corradh is 2.5 milliún ball againn, tig linn torthaí iontacha a bhaint amach – príosúnaigh coinsiasa scaoilte saor, pionóis an bháis curtha ar ceal, ciapairí curtha os comhair na cúirte, dlíthe éagothroma athraithe ag rialtais.

Baineadh an sliocht thuas agus an lógó as suíomh gréasáin Amnesty International

Bíonn Amnesty International i mbun feachtas ar son príosúnaigh pholaitiúla agus íospartaigh chreidimh. Sa phictiúr, tá lucht tacaíochta i mbun léirsithe i Londain faoi choinneáil gan triail i gCuan Guantánamo ag SAM daoine a bhfuiltear in amhras fúthu gur sceimhlitheoirí iad.

FOINSE 3

Feachtas ar son Dí-armáil Núicléach

Tá mórshiúlta 'Cosc ar Bhuamaí' ag dul ar aghaidh sa Bhreatain ó na 1950í anuas, ach tháinig slua mór ban le chéile ar Greenham Common, Berkshire, le hagóid a dhéanamh faoi 96 diúracán cúrsála de chuid SAM a bheith lonnaithe ansin. Nuair a rinneadh neamhaird díobh, d'fhan siad ansin – ar feadh 19 mbliana. Bhí an bua acu sa deireadh; tugadh na diúracáin cúrsála ar ais go SAM sa bhliain 1987, agus druideadh an bhunáit mhíleata sa bhliain 2000.

FOINSE 4

Duais Nobel na Síochána

Riamh anall rinne daoine iarrachtaí síocháin a chothú, ach níor tugadh aon aitheantas oifigiúil do na hiarrachtaí sin, agus níor ceiliúradh iad, go dtí an fichiú haois. I ndiaidh dó fortún a ghnóthú as dinimít a thabhairt ar an saol, d'fhág an tionsclaí Sualannach, Alfred Nobel, moll mór airgid sa tiomna aige le duais bhliantúil a mhaoiniú a thabharfaí don duine ba mhó a dhéanfadh iarracht le síocháin a chothú.

Bronnadh an chéad Duais Nobel na Síochána sa bhliain 1901 agus roinneadh í idir Frédéric Passy (an duine a bhunaigh Aontas Idirpharlaiminteach idirnáisiúnta) agus Jean Henri Dunant (an duine a bhunaigh an Chros Dhearg san Eilvéis).

Ar na buaiteoirí clúiteacha eile tá Martin Luther King (1964), An Mháthair Teresa (1979), Mikhail Gorbachev (1990) agus Nelson Mandela (1993).

Bonn a thugtar do bhuaiteoir Dhuais Nobel na Síochána

BÍ GNÍOMHACH 6

a Tugtar eagraíochtaí neamhrialtasacha (ENR) go minic ar eagraíochtaí amhail an Chros Dhearg nó Amnesty International. Luaigh fáth a bhfuil sé tábhachtach go bhfanann grúpaí dá leithéid neodrach agus go dtig leo labhairt gan srian gan cheangal i sochaí.

b Amharc ar lógó Amnesty thall. Cad é dó a seasann an choinneal agus an tsreang dheilgneach dar leat? Cad é an lógó a roghnófá féin d'eagraíocht a thacódh le daoine i gcoimhlint? Déantar plé agus comhaontú sa rang ar lógó cuí.

c Déan taighde ar an Idirlíon.

i Faigh amach cad chuige ar bronnadh Duais Nobel na Síochána ar Martin Luther King, ar an Mháthair Teresa, ar Mikhail Gorbachev agus ar Nelson Mandela.

ii Faigh tuilleadh eolais ar an stair a bhaineann leis an Chros Dhearg, le Amnesty International agus leis an Fheachtas ar son Dí-armáil Núicléach. Bunaithe ar an taighde agat, déan póstaer a sheasfaidh d'eagraíocht acu seo.

FOINSE 1

Ní minic a fheictear an t-aon Cros Victoria a bhain Ultach sa Dara Cogadh Domhanda, ach tá sé le cur os comhair an phobail gan mhoill. Bronnadh an 'VC' ar James Magennis, mairnéalach as Béal Feirste ar son a chrógachta ... i ngníomhaíocht chontúirteach faoi uisce i mí Iúil 1945. Cuireadh crógacht Magennis i gcomparáid le finscéalta eachtraí James Bond, agus deirtear go raibh Magennis san intinn aige nuair a scríobh Ian Fleming na húrscéalta ba luaithe aige.

Tá cuimhneachán ar Magennis, a nochtadh sa bhliain 1999, gar do Halla na Cathrach i mBéal Feirste.

As an Belfast Telegraph, 15 Iúil 2008. Bronnadh Cros Victoria ar Magennis ar son a ollchrógachta nuair a cheangail sé mianaigh bhairnigh de long chogaidh de chuid na Seapáine.

3 DAOINE AONAIR A SHEAS AN FÓD

Tá neart samplaí san fhichiú haois de dhaoine a rinne éachtaí crógachta agus a sheas sa bhearna bhaoil mar laochra in aimsir na cogaíochta. Uaireanta bronntar boinn orthu nó déantar plaic agus leacht fiú i gcuimhne orthu. Uaireanta eile, áfach, léirítear crógacht nuair a sheasann siad an fód i gcoinne chruálacht na cogaíochta nó nuair a chuireann siad ina coinne.

Harry Stanton, diúltóir coinsiasach

Diúltaíonn DIÚLTÓIR COINSIASACH a bheith ag troid i gcogadh. Sa Chéad Chogadh Domhanda, go háirithe, caitheadh go holc leo i measc an phobail. Pléadh leo mar bheadh fealltóirí agus meatacháin iontu.

B'as Luton do Harry Stanton, agus ba SHÍOCHÁNAÍ é, agus nuair a cuireadh gairm air dul isteach san arm sa bhliain 1916, dhiúltaigh sé. Tugadh chun na Fraince é cibé ar bith. Cuireadh i líne é leis na saighdiúirí. Nuair a thosaigh an traenáil, dhiúltaigh sé bogadh. Gearradh pionós air as orduithe míleata a dhiúltú. Cuireadh i gcampa pionóis é i dtosach ar feadh 28 lá, áit ar ceanglaíodh a sciatháin de chros. Ina dhiaidh sin cuireadh i gcás adhmaid é, a bhí tuairim is 12 throigh chearnacha, le 16 fear eile, agus glais lámh air. Ar deireadh, tugadh go campa míleata Henriville agus cuireadh os comhair CÚIRT AIRM é a ghearr pionós an bháis air.

Níor cuireadh Harry chun báis. Ina áit sin gearradh 10 mbliana príosúnachta air. Cuireadh chuig campa oibre éigeantais gar do Aberdeen é chun obair láimhe a dhéanamh. Chonacthas do Harry dá mbeadh sé sásta a leithéid d'obair a dhéanamh go mbeadh daoine eile ar fáil le dul san arm dá bharr. Dhiúltaigh sé an obair a dhéanamh, agus cuireadh isteach i bpríosún é gur chríochnaigh an cogadh sa bhliain 1919.

BÍ GNÍOMHACH 7

a Déan liosta de na dóigheanna difriúla ar chaith na daoine a luaitear ar leathanaigh 34 agus 35 leis an chogadh agus na hiarmhairtí a d'fhéadfadh a bheith orthu.

b 'Má tá gach duine ar aon intinn go bhfuil an chogaíocht chomh holc sin, cad chuige nach n-éiríonn siad as?' Pléigh an smaoineamh seo leis an rang. Cad chuige a dtroideann tíortha i gcogaí fós nuair a bhíonn costas daonna chomh hard sin leo?

c Bheadh daoine sásta locht a fháil ar Harry Stanton agus ar Hugh Thompson as na rudaí a rinne siad. Déan diancheistiú a chur ar bun sa rang – déanadh leathchuid de na daltaí ceisteanna a ullmhú agus an leathchuid eile freagraí a ullmhú do Harry agus Hugh.

Hugh Thompson, an píolóta nár fhan ina thost

Agus an cogadh i Vítneam faoi lánseol, léirigh saighdiúir Meiriceánach amháin crógacht ar leith nuair a sheas sé an fód i gcoinne a chuid comrádaithe féin le daoine neamhurchóideacha i mbaile beag a chosaint ar ár ag saighdiúirí Meiriceánacha.

I mí an Mhárta 1968 chuaigh buíon saighdiúirí faoi cheannas an Lieutenant William Calley ar mire i mbaile beag de chuid Vítneam darbh ainm My Lai, ag cur idir óg agus aosta, idir fhir agus mhná chun báis gan trua gan taise.

Chonaic píolóta, Hugh Thompson, an sléacht óna héileacaptar. Thuirling sé agus sheas sé féin idir na saighdiúirí agus lucht an bhaile bhig, agus d'ordaigh sé dá chuid fear féin saighdiúir ar bith a dhéanfadh iarracht dochar a dhéanamh do shibhialtach a scaoileadh. Rinne sé tarrtháil ar a oiread sibhialtach agus ab fhéidir agus rinne sé cinnte de gur tugadh go dtí an ospidéal iad. Ina dhiaidh sin – ainneoin 'fealltóir' á thabhairt ag cuid mhór Meiriceánach air – sheas sé os comhair na cúirte agus thug sé fianaise ar an méid a tharla ag triail Calley.

'Ní raibh am machnaimh ann,' a dúirt sé, 'bhí rud le déanamh agus b'éigean é a dhéanamh go gasta.'

Hugh Thompson, ag dul os comhair na cúirte le fianaise a thabhairt i gcoinne William Calley sa bhliain 1970. Ar feadh tamaill, bhí sé buartha gurbh air féin a gcuirfí cúirt airm.

Diana, Banphrionsa an Phobail

Leagadh na mílte mianach talún sna cogaí i gcaitheamh an fichiú haois. Cuireadh i bhfolach iad faoin chréafóg agus phléasc siad dá mbeadh sé de mhí-ádh ag saighdiúir siúl orthu. Ní raibh d'aidhm acu daoine a mharú ach iad a ghortú go holc – agus an sprioc acu foirne leighis na naimhde a choinneáil gnóthach le hobráidí fada. Rinneadh as plaisteach go minic iad sa dóigh nach mbeadh an smionagar infheicthe ar x-ghathanna.

Chuaigh an Banphrionsa Diana ar cuairt go hAngóla i mí Eanáir 1997, cúig mhí i ndiaidh di colscaradh a fháil ón Phrionsa Charles, le hiarmhairtí na mianach talún a fheiceáil di féin, agus le labhairt ina gcoinne.

Bhí sí á lochtú ag an rialtas, a dúirt go raibh sí 'aineolach' agus 'dosmachtaithe'.

Ina ainneoin sin, d'éirigh le hachainí idirnáisiúnta sa bhliain 1997 ag iarraidh cosc a chur ar mhianaigh thalún 855,000 síniú a chruinniú agus, mí i ndiaidh do Diana bás a fháil, gheall Tony Blair, Príomh-Aire na Breataine ag an am, conradh de chuid na Náisiún Aontaithe a dhaingniú a chuirfeadh cosc ar mhianaigh thalún.

Castar íospartach óg ar an Bhanphrionsa Diana agus í ar cuairt go hAngóla.

FOINSE 2

Deich mbliana i ndiaidh don Bhanphrionsa Diana bás a fháil agus i ndiaidh an chéad Chonradh Domhanda i gcoinne mianach talún frithphearsanra a fheidhmiú, deir saineolaithe nach bhfuil sé de dhánacht ach ag baiclí beaga reibiliúnach agus ag b'fhéidir stát amháin arm suarach mar seo a úsáid.

Gníomhaireacht Idirnáisiúnta Nuachta Reuters, Londain, 16 Iúil 2007.

Pleanáil, Déanamh, Athbhreithniú

CAD É AN TIONCHAR A BHÍ AG COGADH AR AN FHICHIÚ HAOIS?

Sa chaibidil seo rinneadh staidéar ar ghnéithe áirithe den chogaíocht san fhichiú haois. D'amharc tú ar thionchar na gcogaí ar na daoine a bhí ag troid, agus orthu siúd a d'fhan sa bhaile. Rinne tú machnamh ar thionchar na teicneolaíochta nua ar an dóigh agus ar an áit ar troideadh cogaí. Rinne tú staidéar ar an dóigh a ndearnadh cogaí a thuairisciú, agus ar an obair atá déanta ag rialtais, ag an phobal agus ag daoine aonair le cogaí a sheachaint agus le cuidiú leo siúd a bhíonn thíos le cogaí.

Caithfidh tú anois an fhaisnéis agus na scileanna a d'fhoghlaim tú a úsáid le píosa oibre a chruthú – colláis faisnéise ar thionchar na cogaíochta san fhichiú haois.

Féadtar tasc duine aonair nó grúpa a bheith ann agus beidh neart pleanála agus taighde ag baint leis. Tá saoirse iomlán agat cinneadh a dhéanamh ar chruth an toraidh dheiridh. D'fhéadfá póstaer a dhéanamh, le híomhánna agus le ceannlínte a bhaineann le tréimhsí difriúla na haoise; d'fhéadfá scannán gairid nó scéal grianghraf le híomhánna a bhainfeadh le heachtra áirithe a dhéanamh. De rogha air sin, thiocfadh leat amhrán nó dán a chumadh le do mheon ar an ábhar a chur in iúl agus do thuiscint ar roinnt eochairghnéithe de thionchar na cogaíochta san fhichiú haois a léiriú.

PLEANÁIL

Céim 1 – roghnaigh an t-ábhar agat

- Amharc siar ar an chaibidil leis an ábhar agat a roghnú, mar shampla:
  - An ndeachaigh eachtra nó scéal pearsanta ar leith i bhfeidhm go suntasach ort?
  - Ar thug tú forbairt nó athrú faoi deara a bhfuil tábhacht ar leith ag baint leis dar leat?
- Socraigh na critéir ratha don obair agat agus an dóigh a ndéanfaidh tú an toradh deiridh a mheasúnú, mar shampla:
  - Caithfidh sé díriú ar thionchar na cogaíochta.
  - Caithfidh sé samplaí áitiúla agus domhanda a thaispeáint.
  - Caithfidh sé samplaí de ghníomhaíocht ar bhonn aonarach agus náisiúnta a léiriú.

Céim 2 – bailigh an fhianaise agat

Ar dtús, déan an fhianaise sa chaibidil seo a iniúchadh.

- Agus tú ag obair le páirtí, déan an tábla thall a chóipeáil. Anois, téigh siar tríd an chaibidil agus déan liosta de na foinsí, de na híomhánna agus d'fhaisnéis ar bith eile is féidir leat a úsáid san obair agat. Cuir leis an tábla iad. Bí roghnaitheach agus cosain na roghanna agat.

● I ndiaidh duit do chuid fianaise a chur sa tábla, déan cinneadh an fianaise phríomha (cuntais agus cáipéisí ón láthair, amhail ráitis finnéithe súl) nó fianaise thánaisteach (faisnéis ó staraithe i ndiaidh na heachtra) í, agus cé chomh hiontaobhach is atá sí. Cuideoidh sé seo leat do chuid fianaise a eagrú agus tú ag ullmhú don chur i láthair agat.

● D'fhéadfá tuilleadh taighde a dhéanamh ar an Idirlíon nó sa leabharlann.

Foinsí a roghnaíodh	Fáthanna leis an rogha – úsáideacht/fianaise a chuireann sí ar fáil/an méid a thaispeánann sí	Catagóir – príomha/ tánaisteach	Iontaofacht

Céim 3 – pleanáil do chuid oibre

● Anois caithfidh tú na hábhair a bhailigh tú a eagrú sa dóigh go mbeidh siad éifeachtach sa chur i láthair. Thiocfadh leat:
  – iad a eagrú in ord ama;
  – iad a anailísiú ina gcatagóirí fianaise/tionchair;
  – iad a shocrú leis an tionchar amhairc nó mothúcháin ba mhó a imirt.

DÉANAMH

● Anois go bhfuil do chuid fianaise bailithe agus eagraithe agat, agus go bhfuil machnamh déanta agat ar na critéir ratha, tá sé in am agat do thoradh deiridh a dhéanamh. Smaoinigh go cúramach ar:
  – an fhaisnéis is mian leat a chur in iúl;
  – na mothúcháin is mian leat a spreagadh.

● Cuimhnigh go mbaineann an cur i láthair le TIONCHAR fisiciúil agus síceolaíoch na cogaíochta, mar sin de – cibé ábhar atá agat – déan cinnte de go gcríochnaíonn tú le tátal ar CAD É tionchar na cogaíochta, CÉ NA DAOINE, CÁ HÁIT ar imríodh an tionchar sin agus CAD CHUIGE a raibh sé suntasach.

● Bí réidh le do chuid oibre a chur i láthair agus le labhairt ar an chiall atá leis.

● Má tá tú ag obair mar chuid de ghrúpa, caithfidh na daoine uilig sa ghrúpa sin plean a chomhaontú ar ról gach duine sa chur i láthair.

ATHBHREITHNIÚ

Cuir do chur i láthair féin i gcomparáid agus i gcodarsnacht leo siúd eile sa rang.

● Cad iad na himeachtaí/forbairtí a roghnaigh tú mar iad siúd is suntasaí agus cad chuige? Déan nóta den dóigh a ndearna na daoine eile na roghanna acu.

● Cad é an t-ábhar sásaimh duit as do chur i láthair? Cad é an t-athrú a dhéanfá agus cad é mar a thiocfadh leat é a fheabhsú?

3 Cad é an dóigh ar chóir dúinn an tUileloscadh a chuimhneamh?

Sa chaibidil seo foghlaimeoimid:
- ✓ na fáthanna ar tharla an tUileloscadh;
- ✓ an dóigh le foinsí agus ár gcuid eolais féin a roghnú, a úsáid agus a chomhcheangal le tátail a dhéanamh ar shuntas an Uileloiscthe;
- ✓ an dóigh le breitheanna réasúnaithe a dhéanamh bunaithe ar fhianaise fhiúntach.

LÁ CUIMHNEACHÁIN AN UILELOISCTHE

Lógó ó Lá Cuimhneacháin an Uileloiscthe 2012

Aithnímid gur chroith an tUileloscadh dúshraith na sibhialtachta nua-aimseartha go huile agus go hiomlán …

Creidimid nach mór áit bhuan a bheith ag an Uileloscadh i gcomhchuimhne ár náisiún. Tugaimid ómós dó na marthanóirí atá linn go fóill …

Caithfimid cinnte a dhéanamh de go dtuigfidh glúnta amach anseo cúiseanna an Uileloiscthe agus go ndéanfaidh siad machnamh ar na hiarmhairtí …

Geallaimid go gcoinneofaimid cuimhne ar íospartaigh ghéarleanúint na Naitsithe agus an chinedhíothaithe i gcoitinne.

Ó Ráiteas Gealltanais LCU, 2009

Tugtar an tUileloscadh ar an RÉITEACH DEIREANACH, an chéim dheireanach i sraith gníomhaíochtaí frith-Ghiúdacha a rinne na Naitsithe sa Ghearmáin idir 1933 agus 1945. CINEDHÍOTHÚ pleanáilte na nGiúdach a bhí ar bun acu ó 1941 ar aghaidh nuair a maraíodh corradh le sé mhilliún Giúdach. Ní amháin na Giúdaigh a bhí thíos leis. Rinne na Naitsithe tréan-iarracht grúpaí eile de dhaoine nach raibh inghlactha dar leo a chur den saol, amhail giofóga, homaighnéasaigh agus daoine faoi mhíchumas. Bíonn an focal Shoah seachas Uileloscadh in úsáid ag cuid mhór Giúdach. Ciallaíonn sé 'gaoth mhór' agus úsáidtear é sa Sean-Tiomna le cur síos a dhéanamh ar léirscrios.

Is lá cuimhneacháin bliantúil é Lá Cuimhneacháin an Uileloiscthe (LCU), nuair a bhíonn ócáidí á reáchtáil fud fad an domhain ag daoine agus ag eagraíochtaí le híospartaigh an Uileloiscthe a chuimhneamh, le hómós a thabhairt do na marthanóirí, agus le gealltanas a thabhairt diúltú don chlaontacht, don idirdhealú agus don chiníochas sa domhan inniu. Chomh maith le híospartaigh an Uileloiscthe agus ghéarleanúint na Naitsithe a chuimhneamh, cuimhníonn LCU fosta ar chinedhíothú ina dhiaidh sin sa Chambóid, sa Bhoisnia, i Ruanda agus in Darfur. Tarlaíonn na hócáidí ar 27 Eanáir, cionn is gurbh é sin an lá ar fhuascail saighdiúirí de chuid na Rúise sluachampa géibhinn Auschwitz-Birkenau ag deireadh an Dara Cogadh Domhanda.

FOINSE 1

Go gairid i ndiaidh a fhuascailte, iompraíonn oibrithe garchabhrach de chuid an Aontais Shóivéadaigh páiste cnaíte as beairic sa champa. Auschwitz, an Pholainn, i ndiaidh 27 Eanáir 1945.

FOINSE 2

Shocraigh Wal agus mé féin na scéalta againn a insint do na glúnta óga le rabhadh a thabhairt dóibh faoin chumas daonna nithe neamhdhaonna a dhéanamh. Ní brúideanna ionróirí a dhéanann a leithéid ach, níos minice ná a mhalairt, daoine coitianta. Dar linn beirt go bhfuil sé tábhachtach labhairt leis an oiread daoine agus is féidir ar CHLAONTACHT agus ar LEITHCHEAL i ndóchas go bhfoghlaimeoidh siad ón taithí againn.

Míníonn marthanóir an Uileloiscthe Ibi Ginsberg an fáth a n-insíonn sí féin agus a fear céile an scéal acu do dhaltaí scoile.

FOINSE 3

Grianghraf ó Iarsmalann Auschwitz–Birkenau a thaispeánann cuairteoirí ag amharc ar ghrianghraif de theaghlaigh agus de dhaoine a maraíodh ansin.

FOINSE 4

Nuair a tháinig na Naitsithe faoi choinne na
  gCumannaithe,
D'fhan mé i mo thost;
Níor Chumannaí mé.
Ansin chuir siad na Sóisialaithe faoi ghlas;
agus d'fhan mé i mo thost;
Níor Shóisialaí mé.
Ansin tháinig siad faoi choinne na
  gceardchumannaithe,
D'fhan mé i mo thost;
Níor cheardchumannaí mé.
Ansin tháinig siad faoi choinne na nGiúdach,
D'fhan mé i mo thost;
Níor Ghiúdach mé.
Nuair a tháinig siad faoi mo choinne,
Ní raibh duine fágtha le labhairt thar mo cheann.

Dán ar an Uileloscadh, a scríobh sagart Gearmánach, Martin Niemoller, agus a foilsíodh sa bhliain 1955.

BÍ GNÍOMHACH 1

Déan staidéar ar na grianghraif ar an leathanach seo.

a Cad é a insíonn na foinsí uilig dúinn faoi íospartaigh an Uileloiscthe?

b Amharc arís ar Fhoinse 2. Cad chuige a bhfuil sé tábhachtach ag an mharthanóir scéal an Uileloiscthe a insint?

c Le páirtí, smaoinigh ar cheisteanna ar bith ba mhaith leat a chur faoin Uileloscadh. Bain úsáid as na cúig C le cuidiú leat na ceisteanna a eagrú (Cé? Cad é? Cá háit? Cad chuige? Cén uair?).

CAD É MAR A CAITHEADH LE GIÚDAIGH SA GHEARMÁIN ROIMH 1933?

Ba Ghiúdaigh iad níos lú ná aon faoin chéad de phobal na Gearmáine – sa bhliain 1933 bhí tuairim is 500,000 Giúdach as pobal de 67 milliún. Ba shaoránaigh chruthaithe na Gearmáine iad ochtó faoin chéad díobh (400,000). Bhí cuid mhór acu sa mheánaicme agus saibhir.

Ar feadh na gcéadta bliain rinneadh ionsaithe agus géarleanúint ar Ghiúdaigh na hEorpa ar chúiseanna creidimh agus cine. Tugtar FRITH-SHEIMÍTEACHAS air seo. Ag deireadh an naoú haois déag bhí POGRAIM sa Rúis nuair a rinneadh ionsaithe ar shealúchas na nGiúdach agus a díbríodh Giúdaigh as na tithe acu.

Sa Ghearmáin sna 1890í, áfach, bhí gluaiseacht fhrith-Sheimíteach ann a rinne iarracht Giúdaigh a chosc ón pholaitíocht; theip uirthi. I ndiaidh 1900, d'éirigh Giúdaigh ina ndlúthchuid de phobal na Gearmáine agus mheasc siad le gnáthmhuintir na Gearmáine, go sóisialta agus go polaitiúil araon. Bhí cuid mhór acu ina méaraí agus ina gcomhairleoirí áitiúla agus, sna 1920í, bhí bean duine amháin de phríomhpholaiteoirí na Gearmáine, Gustav Stresemann, ina Ghiúdach.

FOINSE 1

Sa phictiúr seo tá Martin Farntrog ina shuí sa ghairdín le triúr iníonacha aige agus beirt chairde acu. Lonnaigh Martin sa Ghearmáin agus bhí cónaí air in Nuremberg. Sa Chéad Chogadh Domhanda throid sé in arm na Gearmáine agus bronnadh an Chros Iarainn, an t-ómós míleata ab airde, air.

FOINSE 2

Sa Chéad Chogadh Domhanda, throid 100,000 Giúdach as leathmhilliún Giúdach sa Ghearmáin ar son a dtíre, fuair 12,000 acu bás agus bronnadh boinn ar 30,000 acu. I ndiaidh an chogaidh, nuair a scaipeadh an finscéal gur na Giúdaigh a bhí freagrach as sárú na Gearmáine, d'fhoilsigh Cumann Reich Shaighdiúirí Giúdacha an Fhronta an póstaer a mhaíonn: 'Fuair 12,000 saighdiúir bás ar son a dtíre ar pháirc an onóra.'

FOINSE 3

Maidir le Giúdaigh na Gearmáine roimh 1933 de:

- D'oibrigh 62 faoin chéad díobh san earnáil ghnó nó tráchtála;
- Bhí 46 faoin chéad acu féinfhostaithe nó d'oibrigh siad i ngnó an teaghlaigh;
- Ba de shliocht na nGiúdach 1 as 10 ndochtúirí agus 1 as 7 ndlíodóirí;
- Ba le Giúdaigh mórchuid de bhainc agus de shiopaí ilrannacha Bheirlín.
- Comhlachtaí Giúdacha ba mhó a bhí i dtionscail an éadaigh, an tobac, an leathair agus an fhionnaidh.
- Ba Ghiúdaigh iad beirt d'eagarthóirí na nuachtán ba mhó sa Ghearmáin;
- Bhí Giúdaigh chun cinn i dtionscail na hamharclainne agus na scannánaíochta;
- D'fhostaigh úinéirí monarchana Giúdacha cuid mhór oibrithe nár Ghiúdaigh iad féin.

BÍ GNÍOMHACH 2

a Déan staidéar ar Fhoinsí 1–3 agus liostaigh na dóigheanna ar chuidigh Giúdaigh go héifeachtach le sochaí na Gearmáine.

b Cad é an dóigh a gcuideodh rathúlacht na nGiúdach seo leo mothú gur chuid de phobal na Gearmáine iad?

c Féach arís ar Fhoinse 3. Cad chuige a mothódh Gearmánaigh nár Ghiúdaigh iad doicheallach roimh Ghiúdaigh?

TEACHT IN ÉIFEACHT PHÁIRTÍ NA NAITSITHE

Sa mhír dheireanach is féidir gur thug tú faoi deara go raibh dearcadh frith-Sheimíteach ag cuid de mhuintir na Gearmáine cé go raibh Giúdaigh imeascaithe i ngach leibhéal den phobal sa Ghearmáin. Sna 1920í, áfach, tháinig páirtí polaitíochta beag i dtreise, ar tugadh na Naitsithe orthu ar ball, a raibh Adolf Hitler i gceannas air, agus bhí tionchar ollmhór aige ar thuairimí mhuintir na Gearmáine i leith na nGiúdach. Thosaigh Hitler ag fáil locht ar na Giúdaigh agus ag cur milleán orthu as fadhbanna na Gearmáine ag an am. Míníonn leathanaigh 40–1 cérbh é Hitler agus na cúiseanna ar thacaigh daoine lena chuid smaointe.

Rugadh Hitler san Ostair sa bhliain 1889. Nuair a bhí sé 18 mbliana d'aois chuaigh sé go Vín le bheith ina ealaíontóir. Bhí sé beo bocht, agus b'fhéidir gur anseo a thosaigh an fuath aige ar úsairí Giúdacha.

Sa Chéad Chogadh Domhanda (1914–1918) throid Hitler in arm na Gearmáine, agus bronnadh an Chros Iarainn faoi dhó air. Chuir sé an locht ar na Giúdaigh as géilleadh agus cloí na Gearmáine.

Sa bhliain 1923 rinne Hitler iarracht cumhacht a ghabháil agus cuireadh i bpríosún é. Nuair a bhí sé faoi ghlas scríobh sé sa leabhar *Mein Kampf* aige: 'Is iad na Gearmánaigh an Mháistirchine. Ní féidir le Giúdaigh a bheith mar bhaill den náisiún.'

I ndiaidh 1924 rinne Hitler iarracht cumhacht a fháil trí mhodhanna daonlathacha. Rinne sé óráidí inar ionsaigh sé na Cumannaithe agus na Giúdaigh. Níor éirigh go maith le Páirtí na Naitsithe sna toghcháin áfach.

Beidh poist agus bia agaibh

Beidh an Ghearmáin ina sárchumhacht arís

Scriosfaimid Cumannaithe agus Giúdaigh

Bunóimid rialtas láidir buan

Tharla an SPEALADH MÓR i Meiriceá i ndiaidh CHLISEADH SHRÁID WALL sa bhliain 1929 agus chlis ar chuid mhór gnólachtaí sa Ghearmáin dá dheasca. Bhí méadú millteanach ar dhífhostaíocht. Thug Hitler gealltanas do mhuintir na Gearmáine go gcuirfeadh na Naitsithe deireadh le dífhostaíocht agus go gcinnteodh siad go mbeadh an Ghearmáin ina sárchumhacht arís. Chaith lear mór Gearmánach vóta dó, agus sa bhliain 1932 ba é Páirtí na Naitsithe an páirtí ba mhó sa Reichstag, parlaimint na Gearmáine.

Sa bhliain 1933 thug an tUachtarán Hindenberg cuireadh do Hitler a bheith ina Sheansailéir ar an Ghearmáin. Bhain Hitler úsáid as an chumhacht seo leis an cheart a thabhairt dó féin dlíthe a dhéanamh, cosc a chur ar pháirtithe de chuid an fhreasúra, ceannasaíocht a ghlacadh ar na póilíní, agus an lucht freasúra chomh maith lena chuid naimhde a ghabháil agus a mharú. Nuair a fuair Hindenberg bás i mí Lúnasa 1934 mhaígh Hitler go raibh sé ina FÜHRER ar an Ghearmáin.

CAD CHUIGE AR THUG A OIREAD GEARMÁNACH TACAÍOCHT DO PHÁIRTÍ NA NAITSITHE?

An dtig leat 1923 a chuimhneamh? Mhéadaigh na praghsanna arís agus arís eile – chaill mé mó phinsean agus scriosadh mé. Deir Hitler go bhfeabhsóidh sé na pinsin.

Pinsinéir

Chaill muid uilig na poist againn mar gheall ar an Spealadh Mór. Deir Hitler go gcuirfidh sé poist ar fáil dúinn. Chaithfinn vóta don diabhal dá dtabharfadh sé post dom.

Oibrí monarchan

Tá ainriail agus foréigean gach áit ann – Cumannaithe ag troid le Naitsithe. Gheall Hitler dlí agus ord dúinn.

Bean tí mheánaicmeach

Ba shaighdiúir agus laoch é Hitler. Tá an ceart aige – d'fheall na Giúdaigh orainn sa Chogadh Mhór! Anois tá na tíortha eile ag gearradh na milliún orainn as an bhriseadh. Deir Hitler go ndéanfaidh sé ollchumhacht den Ghearmáin arís.

Iarshaighdiúir

Tá an rialtas seo rólag – tá barraíocht toghchán agus páirtithe difriúla ann. Tá ceannaire láidir de dhíth orainn le cruth a chur ar an tír seo arís.

Breitheamh

Gheall Hitler go mbainfeadh sé ar ais na críocha a goideadh uainn i ndiaidh an Chogaidh Mhóir. Beidh an Ghearmáin ar dóigh arís mar gheall air.

Trúipéir Ionsaithe

An bhfaca tú na clubanna oíche, na homaighnéasaigh agus na 'mná úra' sin a chaitheann toitíní? Is bithiúnaigh iad. Deir Hitler go dtabharfaidh sé seanluachanna maithe de chuid na Gearmáine ar ais.

Ministir aosta Protastúnach

Agus dífhostaíocht ard ann tá imní orm go rachaidh na Cumannaithe i gcumhacht agus go gcaillfidh mé an gnó. Ba mhaith le Hitler na Cumannaithe a chloí.

Fear gnó saibhir

Ní maith liom na Naitsithe, ach mura dtugann tú airgead dóibh tiocfaidh trúipéirí ionsaithe chugat le bagairt a chur ort. Tá sé níos sábháilte, mar sin de, tacaíocht a thabhairt dóibh.

Fear a raibh gnó beag aige

BÍ GNÍOMHACH 3

a Na samplaí thuas in úsáid agat, mínigh cad chuige ar vótáil daoine ar son Hitler agus Páirtí na Naitsithe.

b Agus tú i ndiaidh scéal Hitler a léamh ar leathanach 42:

  i Liostaigh na rudaí a rinne Hitler le cumhacht a bhaint amach.

  ii An bhfuil rud ar bith i saol luath Hitler a léiríonn nach raibh toil aige do na Giúdaigh?

  iii I dtosach, níor éirigh le Páirtí na Naitsithe sna toghcháin. Cad chuige ar chosúla go vótálfadh daoine ar son Hitler mar gheall ar an Spealadh Mór?

CAD É MAR A CAITHEADH LEIS NA GIÚDAIGH I nGEARMÁIN NA NAITSITHE?

Amharc ar na grianghraif a bhaineann le saol na nGiúdach ag an am. Tá faisnéis i ngach ceann acu ar a raibh ag tarlú do Ghiúdaigh sa Ghearmáin agus sna tíortha a ndearna an Ghearmáin forghabháil orthu sa Dara Cogadh Domhanda.

1933: spreag na Naitsithe Gearmánaigh le baghcat a dhéanamh ar ghnólachtaí Giúdacha. Sa phictiúr cruinníonn Gearmánaigh os comhair siopa Giúdach i mBeirlín ar an chéad lá den bhaghcat. Cuireann trúipéirí ionsaithe cosc ar dhaoine siopadóireacht a dhéanamh ann. Deir an póstaer: 'A Ghearmánacha! Cosnaígí sibh féin! Ná ceannaígí earraí ó na Giúdaigh!'

San oíche, 9 Samhna 1938, loisc baiclí Naitsithe na sionagóga, thug siad greasáil do Ghiúdaigh agus bhris siad fuinneoga (an fáth ar tugadh *Kristallnacht* – 'oíche na gloine' – air). Aistríodh fiche míle Giúdach agus rinneadh 91 acu a mharú. Sa phictiúr taispeántar siopa Giúdach an lá dár gcionn.

I ndiaidh 1941 bhí ar na Giúdaigh uilig Réalta Dháiví a chaitheamh, sa dóigh go n-aithneofaí mar Ghiúdaigh iad.

1935: Cuirtear an bhean Ghearmánach seo (a shiúil amach le Giúdach) os comhair an phobail le fógra thart ar a muineál a mhaíonn: 'Is bithiúnach bradach mé agus ní bhainimse ach le Giúdaigh.'

1942: tá na mílte Giúdach á n-aistriú go campaí báis, amhail Auschwitz, sa Pholainn.

1938: Cuireadh an bheirt pháistí Ghiúdacha seo os comhair an ranga sa dóigh go dtiocfadh leis an mhúinteoir na gnéithe fisiciúla 'fodhaonna' acu a thaispeáint. Deir an téacs ar an chlár dubh: 'Is iad na Giúdaigh an namhaid is mó againn'.

1933: ba gheall le hionaid choinneála iad na chéad sluachampaí ar cuireadh daoine a bhí i gcoinne na Naitsithe le hobair éigeantach a dhéanamh iontu. Sa phictiúr seo, taispeántar sluachampa Dachau lena chuid beairicí agus monarcha armlóin ar cuireadh na Giúdaigh chuige le hobair a dhéanamh ar son iarracht na Gearmáine sa chogadh. Cuireadh iachall ar Ghiúdaigh i gcuid mhór de na sluachampaí páirt a ghlacadh i dturgnaimh mhíochaine a rinne dochtúirí Gearmánacha.

Thug na Naitsithe ar Ghiúdaigh a bheith ina gcónaí le chéile i ngeiteonna – ceantair bhochta, mar a mbíodh galair agus ocras go forleathan, agus nach raibh ach Giúdaigh iontu. Sa phictiúr, taispeántar geiteo Vársá sa Pholainn sa bhliain 1941 agus Giúdaigh ag siúl thar chorpáin Ghiúdacha eile a fuair bás den ocras. Sa chúlra, feictear an balla a scar an geiteo ón chuid eile den chathair.

Tógadh an pictiúr seo sa sluachampa ag Weimar, an Ghearmáin, nuair a ghabh arm Mheiriceá é ar 14 Aibreán 1945. Tá cnámha na bpríosúnach ina luí sna créamatóiriamaí fós.

Sa ghrianghraf taispeántar an foirgneamh ar reáchtáladh Comhdháil Wannsee ann. Phleanáil grúpa de Naitsithe ardchéime scrios córasach na milliún Giúdach i dtíortha gafa na Naitsithe. Tugadh an Réiteach Deireanach ar an phlean seo.

1942: sa ghrianghraf seo taispeántar scuaid bháis na Naitsithe i mbun daoine a mharú. Tharla a leithéid go minic sa Rúis agus in Oirthear na hEorpa mar chuid den Réiteach Deireanach ach bhí sé ró-fhadálach agus mar sin de baineadh úsáid as campaí báis amhail Auschwitz le marú na nGiúdach fud fad na hEorpa a dheifriú.

BÍ GNÍOMHACH 4

a Amharc ar na grianghraif 1 go 11 agus ansin cuir in ord ama iad.

b Cad é mar a d'athraigh na heachtraí sna grianghraif saol coitianta na nGiúdach?

c Cad é an dóigh ar spreag na heachtraí seo gnáthGhearmánaigh le dímheas a bheith acu ar na Giúdaigh agus caitheamh go suarach leo?

d Ní na Giúdaigh amháin ar imir na Naitsithe géarleanúint orthu. Bain úsáid as an Idirlíon le heolas a fháil ar an dóigh ar chaith na Naitsithe leis na giofóga, le homaighnéasaigh, le daoine bodhaire agus le daoine faoi mhíchumas intinne nó coirp.

CAD É MAR A THARLÓDH AN tUILELOSCADH

Ba thoradh ar phróiseas céimneach é an tUileloscadh. Thacaigh rialtas na Naitsithe leis, rinne sé é a mhaoiniú, phleanáil sé é, d'eagraigh sé é agus chuir sé i gcrích é. Tharla an tUileloscadh céim ar chéim, mar a thaispeántar sa léaráid thíos. Thosaigh sé le géarleanúint ar na Giúdaigh agus ar ghrúpaí mionlacha ar leith eile a bhí truaillithe ó thaobh cine de dar leis na Naitsithe. Chríochnaigh sé le holldúnmharú na nGiúdach sna campaí báis amhail Auschwitz-Birkenau sa Pholainn.

Dímheas go Díothú

CRUTHÚ
Baineadh úsáid as bolscaireacht le dearcadh diúltach a chothú gur naimhde fodhaonna iad na Giúdaigh agus go raibh sé cóir agus ceart leithcheal a dhéanamh orthu. Tugtar steiréitíopáil ar a leithéid.

SMACHTÚ
Cuireadh imeaglú agus bagairt i bhfeidhm ar mhuintir na Gearmáine go gcuirfí faoi ghlas iad féin mura mbeadh siad sásta glacadh leis na smaointe agus na polasaithe seo.

LEITHLISIÚ
Díbríodh na Giúdaigh isteach i gceantair dá gcuid féin ar shiúl ón chuid eile den phobal. Aistríodh iad ina dhiaidh sin go campaí, áit a bhfuair cuid mhór acu bás mar gheall ar ró-obair.

DÍOTHÚ
Rinneadh pleananna sonracha leis na Giúdaigh a dhíothú ar scála mór.

FOINSE 1

Sliocht as leabhar a scríobh Milton Mayer, ollamh ollscoile Meiriceánach a rinne taighde sa bhliain 1955 ar an dóigh ar fhreagair an gnáthphobal do pholasaithe agus smaointe Hitler.

Céimeanna beaga

Dá dtiocfadh an chéim dheiridh agus an chéim ba mheasa i réim na Naitsithe díreach i ndiaidh na céime tosaigh, an chéim ba lú, bhainfí stangadh go leor as na mílte, fiú na milliúin – abair, mar shampla, go ndearnadh na Giúdaigh a dhúnmharú le gás i ndiaidh bhaghcat na nGiúdach sa bhliain 1933. Ar ndóigh, ní tharlaíonn sé mar sin. San idirlinn tarlaíonn na céadta céimeanna beaga, cuid acu nach dtugtar faoi deara fiú, gach ceann acu do d'ullmhú sa dóigh nach mbainfear stangadh rómhór asat ag an chéad chéim eile. Níl céim 3 mórán níos measa ná céim 2, agus murar sheas tú an fód ag céim 2 cad chuige a seasfá an fód ag céim 3? Agus go gairid ina dhiaidh sin go céim 4.

BÍ GNÍOMHACH 5

a Déan staidéar ar ghrianghraif 2 go 5 ar leathanach 45. Le páirtí, meaitseáil gach grianghraf leis an chur síos ar gach chéim den staighre. Cosain do chuid roghanna. (D'fhéadfá an rud céanna a dhéanamh leis na grianghraif ar leathanaigh 44–5.)

b Is íomhá, focal nó frása é steiréitíopa a bhaineann le smaointe a bhíonn ag grúpaí daoine faoi dhaoine eile atá difriúil leo. Amharc ar Fhoinse 2 ar leathanach 47. Cad é mar a dhéanann an t-údar na Giúdaigh a steiréitíopáil? Cad é an dóigh a gcuideodh na steiretíopaí seo leis na Naitsithe áitiú ar dhaoine gur naimhde leo na Giúdaigh?

c Déan staidéar ar Fhoinse 1 ar an leathanach seo. Cad é a insíonn sé duit faoin dóigh ar tharla an tUileloscadh?

FOINSE 2

Leathanach as scéal do pháistí faoi na Giúdaigh, dar teideal An Beacán Nimhiúil. *Foilsíodh é sa bhliain 1938 sa nuachtán Naitsíoch* Der Sturmer.

FOINSE 3

Grianghraf nua-aimseartha a thaispeánann an t-iarnród ag campa díothaithe Birkenau.

FOINSE 4

Ceannaire ar an 'SS' Reinhard Heydrich a d'eagraigh cruinniú sa bhliain 1942 d'ardcheannairí Naitsíocha in Wannsee, Beirlín, leis an Réiteach Deireanach ar cheist na nGiúdach a phleanáil.

FOINSE 5

Cuireadh campaí báis i dtreoir fud fad na hEorpa le Giúdaigh a dhíothú go gasta ar scála ollmhór. Taispeánann an grianghraf Auschwitz–Birkenau, áit ar úsáideadh gás Zyklon B le Giúdaigh a mharú sular cuireadh na corpáin chuig créamatóiriamaí.

'Tarrthálaí' clúiteach Oscar Schindler, a chuaigh chun na Polainne le hairgead a ghnóthú ach a thug a chuid airgid sa deireadh lena chuid oibrithe Giúdacha a shábháil. Insítear a scéal sa scannán *Schindler's List*. Nuair a cuireadh ceist air cad chuige a ndearna sé é, dúirt sé: 'Nuair a bhíonn aithne agat ar dhaoine, caithfidh tú caitheamh leo mar dhaoine.'

IOMPRAÍOCHT DAOINE AGUS AN tUILELOSCADH

Rinne staraithe an Uileloiscthe iompraíocht daoine i dtréimhse na Naitsithe sa Ghearmáin a rangú ina ceithre chatagóir:

DÉANTÓIRÍ (daoine a roghnaigh go mbeadh páirt acu san Uileloscadh)	NEAMH-RANNPHÁIRTITHE (daoine a rinne faic)
ÍOSPAIRTÍ (daoine nach raibh aon rogha acu agus b'éigean dóibh orduithe a chomhlíonadh)	TARRTHÁLAITHE (daoine a chuidigh leis na Giúdaigh)

FOINSE 1

Tuairim ceannfoirt

Rinne iriseoir darbh ainm Gitta Sereny agallamh le Franz Stangl, ceannfort i gcampa báis, sa bhliain 1971 agus chuir sí ceist air: 'Nár mhothaigh tú gur dhaoine a bhí sna Giúdaigh … ?'

'Lasta,' ar seisean go leamh. 'Lasta a bhí ann … Is cuimhin liom Christian Wirth [an fear a chuir na campaí báis i dtreoir] ina sheasamh ansin in Treblinka in aice leis na poill a bhí lán le corpáin dhúghorma. Meall d'fheoil lofa a bhí ann. Ar seisean, "Cad é a dhéanfaimid leis an bhruscar seo?" Creidim gur thosaigh mé ag smaoineamh orthu mar lasta ansin.'

FOINSE 2

Crógacht Le Chambon

Bhí a fhios ag muintir Le Chambon, sráidbhaile sléibhe sa Fhrainc, go raibh na Giúdaigh á ndúnmharú. An ministir acu, Andre Trocine, mar cheannaire acu, rinne siad cró folaigh do 5,000 páiste Giúdach as gach cearn den Eoraip sa phobal acu. Arsa bean chéile Andre, Magda Trocine:

Nuair a tháinig na chéad Ghiúdaigh bhí a fhios againn cad é bhí le déanamh – ní raibh a dhath is casta ná sin i gceist. Ní dhearnadh cinneadh ó lá amháin go lá eile faoi cad é a bhí le déanamh. Bhí lear mór daoine sa sráidbhaile a raibh cuidiú de dhíth orthu. Ní fhéadfaimis iad a dhiúltú.

FOINSE 3

Teacht go Auschwitz

In agallamh a rinne sé sa bhliain 1990 d'Iarsmalann an Uileloiscthe sna Stáit Aontaithe, chuir Leo Schneiderman síos ar a theacht go Auschwitz, ar an phróiseas roghnaithe agus ar an dóigh ar scaradh é óna theaghlach.

Bhí sé go mall san oíche nuair a tháinig muid go Auschwitz. A luaithe géar a osclaíodh na geataí chuala muid na screadanna, na madraí ag tafann, na buillí ó na Kapos, na maoir a bhí ag obair dóibh, ar na cloigne. Ansin, tháinig muid den traein. Tharla gach rud go gasta: clé, deas, deas, clé. Fir scartha ó na mná. Páistí bainte ar shiúl ó lámha na máithreacha. Daoine aosta á ruaigeadh mar bheadh eallaí iontu. Pléadh le daoine breoite agus le daoine faoi mhíchumas mar bheadh boscaí bruscair ann. Caitheadh i leataobh iad le málaí taistil briste, le boscaí. Rith mo mháthair ionsorm agus rug sí greim guaillí orm go ndúirt sí liom 'Leibele, ní fheicfidh mé arís thú. Tabhair aire do do dhearbháir.'

Na neamh-rannpháirtithe

Is neamh-rannpháirtithe muid cionn is go bhfuilimid aineolach anbhann eaglach.	Mhothaigh roinnt institiúidí stáit amhail ollscoileanna agus ceannairí eaglaise agus scoile, go raibh sé níos sábháilte faic a rá.	Dá labhróinn amach chuirfinn mo theaghlach agus na comharsana i gcontúirt.
Chreid muid an méid a dúirt an rialtas linn faoi na Giúdaigh.	Ní bheadh sé de dhánacht ionam cuidiú leis na Giúdaigh – thabharfaí greasáil dom.	Níl sé ceadmhach cuidiú leis na Giúdaigh cionn is go bhfuil sé in éadan an dlí.
Is neamhchosúil leis na Giúdaigh muid, mar sin de cad chuige ar chóir dúinn cuidiú leo?	Chuir bolscaireacht na Naitsithe cluain orainn gur chreid muid go raibh na Giúdaigh lochtach agus gur bhain contúirt leo don tír.	Ní bhaineann sé linn.

Séanadh an Uileloiscthe

Séanann roinnt scoláirí agus grúpaí polaitiúla den eite dheas gur tharla an tUileloscadh. Maíonn siad nach léiríonn grianghraif ach gníomhartha roinnt ceannfort Naitsíoch ag deireadh an chogaidh, agus nach raibh 'cinedhíothú' foirmiúil ar bith ann. Ní bhfuarthas riamh ordú scríofa ó Hitler, agus ní raibh na créamatóiriamaí mór go leor leis na milliúin íospartach a loscadh, dar leo.

Má tá ná líomhaintí seo fíor, caithfimid glacadh leis go raibh na mílte duine a tháinig slán as an Uileloscadh ag insint bréige agus an fhianaise uilig eile atá ar fáil a chur ar leataobh.

Cad chuige ar eachtra shuntasach é an tUileloscadh san fhichiú haois?

- Chuir an tUileloscadh isteach ar shaol na sluaite daoine san am a chuaigh thart.
- Ní bheadh an saol mar an gcéanna mura dtarlódh an eachtra seo – mar shampla, ní bheadh aitheantas idirnáisiúnta do Choireanna i gCoinne na Daonnachta ann.
- Cuidíonn an tUileloscadh linn roinnt rudaí eile a mhíniú, amhail samplaí eile de chinedhíothú nó d'ainghníomhartha a tharlaíonn sa domhan inniu féin.
- Chuaigh an tUileloscadh i bhfeidhm ar mharthanóirí agus ar na teaghlaigh acu agus beidh sé amhlaidh go ceann i bhfad eile.
- Tig leis an Uileloscadh ceachtanna luachmhara a mhúineadh dúinn ar na fáthanna agus na dóigheanna a ndearna daoine na rudaí a rinne siad san am a chuaigh thart.

BÍ GNÍOMHACH 6

a Déan samplaí de dhéantóirí, de neamh-rannpháirtithe, de tharrthálaithe, agus d'íospartaigh ar leathanaigh 42–47 a shainaithint. Mínigh cad chuige a ndearna gach grúpa amhlaidh.

b Cuireadh i leith líon mór Gearmánach gur neamh-rannpháirtithe iad (féach an tábla ar an leathanach seo) agus maítear gur chuidigh siad leis an Uileloscadh dá dheasca. Déan liosta de na hargóintí ar gach taobh den líomhain seo.

c Cuireadh roinnt déantóirí os comhair na cúirte mar choirpigh chogaidh. Bain úsáid as an Idirlíon le taighde a dhéanamh ar Thrialacha Nuremburg sa bhliain 1946. An bhfuil sé tábhachtach, dar leat, go dtugtar aitheantas dá leithéid de choireanna ar an dóigh seo?

NA GIÚDAIGH

Go dtí ar na mallaibh léiríodh na Giúdaigh i dtólamh mar íospartaigh. Aithnítear anois nach bhfuil sé seo go hiomlán fíor. Chuaigh Giúdaigh i ngleic leis an Uileloscadh ar dhóigheanna éagsúla – bhí éadóchas ar chuid acu agus bród ar chuid eile nuair a bhí siad ag tabhairt aghaidh ar an bhás, throid cuid acu i gcoinne na Naitsithe agus chomhoibrigh cuid eile leis na Naitsithe.

Cuid mhór Giúdach a raibh sé de mhaoin acu, theith siad chuig an RA nó go SAM. Tá na teifigh Ghiúdacha seo ag teacht i dtír ag Calafort Newcastle, 1939.

Chuir a lán Giúdach a gcuid páistí thar lear chuig tuismitheoirí altrama ('Kindertransport'). Idir 1939–48 sábháladh chóir a bheith 300 páiste Giúdach i ndiaidh dóibh dul trí fheirm Magill in Oileán an Mhuilinn, Contae an Dúin.

Chuir roinnt Giúdach moill ar an bhás trí obair a dhéanamh do na Naitsithe. Sa ghrianghraf taispeántar fir Ghiúdacha ar bhaill iad d'aonad 'Sonderkommando'. D'éirigh aonad Sonderkommando amháin acu seo amach in Auschwitz mar ar scrios siad créamatóiriam agus ar mharaigh siad triúr garda de chuid an SS.

Ar chluinstin dóibh go gcuirfí chuig campaí báis iad, chuaigh na Giúdaigh i ngeiteo Vársá i bhfolach agus throid siad i gcoinne arm na Gearmáine ar feadh beagnach míosa – éacht cróga nach mbeadh ach toradh amháin leis. Sa phictiúr taispeántar trodaire Giúdach ag géilleadh ar 9 Bealtaine, an 21ú lá den éirí amach.

BÍ GNÍOMHACH 7

a Sainaithin na dóigheanna éagsúla a ndeachaigh Giúdaigh ar an leathanach seo i ngleic leis an Uileloscadh.

b Féach arís ar leathanaigh 44–48. Cad iad na dóigheanna eile ar phléigh Giúdaigh leis an chruachás ina raibh siad?

c Mínigh an fáth a bhfuil tábhacht leis na grianghraif seo agus staidéar á dhéanamh ar iompar na nGiúdach san Uileloscadh.

Imíonn Giúdacha Ollannacha le 'hathlonnú' a dhéanamh i sluachampa sa bhliain 1942. Ba í Comhairle na nGiúdach a d'eagraigh an eachtra, agus dhíol siad as a gcuid ticéad.

Pleanáil, Déanamh, Athbhreithniú

D'amharc muid sa chaibidil seo ar an Uileloscadh, an fáth agus an dóigh ar tharla sé, agus na dóigheanna a ndeachaigh daoine i ngleic leis ag an am. Sa mhír seo, díreoimid ar an dóigh a ndeachaigh an tUileloscadh i bhfeidhm ort féin trí iniúchadh a dhéanamh ar na dóigheanna a gcuimhnítear air sa lá atá inniu ann.

D'iarr do Phríomhoide ort Lá Cuimhneacháin ar an Uileloscadh a dhearadh agus a phleanáil mar chuid do scoile féin den chuimhneachán idirnáisiúnta a tharlaíonn ar 27 Eanáir gach bliain. Caithfidh tú do leagan amach féin den chuimhneachán a chur i láthair don Phríomhoide agus an scoil iomlán ag an tionól, nó don rang.

Is póstaer é seo ó Lá Cuimhneacháin an Uileloiscthe 2012.

PLEANÁIL

1 Téigh siar tríd an chaibidil agus bailigh eolas ar an méid a tharla. Féadann tú cuairt a thabhairt ar na suíomhanna gréasáin seo a leanas fosta:
   www.hmd.org.uk
   www.het.org.uk
   www.ushmm.org
   www.hetireland.org
   Bain úsáid as fianaise phríomha chomh maith le faisnéis eile.

2 Pléigh leagan amach faoi choinne cuimhneacháin le grúpa daltaí eile – mar shampla, is féidir leat póstaer, scéalta agus fíricí a bhaineann leis an Uileloscadh, ráitis ó fhinnéithe, filíocht, obair ealaíne, léamha, nó fiú cuimhneachán foirmiúil amhail scrín, a chur isteach ann.

3 Roghnaigh:
   Cé an lucht féachana?
   Cad iad na teachtaireachtaí is mó?
   Cad é mar is féidir le d'ócáid cuimhneacháin meas cuí a léiriú, agus an aithníonn sí tromchúis an ábhair?

DÉANAMH

1 Agus tú ag obair leat féin nó mar chuid de ghrúpa, déan do chuimhneachán a ullmhú.

2 Bí aireach ar mhéid agus ar cháilíocht do chuid ábhar, agus cloígh le spriocdhátaí.

3 Cuir do chuimhneachán i láthair don rang, nó don tionól.

ATHBHREITHNIÚ

1 Cad é an cineál cuimhneacháin ba mhó a raibh spéis agat ann agus cad chuige? Cad é an dóigh a raibh sé difriúil le do chuimhneachán féin? An bhfuil aon rud sa chuimhneachán agat féin a dhéanfá ar dhóigh dhifriúil an chéad uair eile?

2 Pléigh leis an rang an fáth, dar leat, ar chóir dúinn staidéar a dhéanamh ar an Uileloscadh sna scoileanna inniu agus cad chuige ar eachtra shuntasach é san fhichiú haois.

51

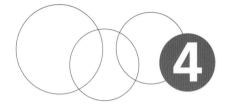

4 Mórimeachtaí agus daoine aonair – Cad ia na heachtraí agus cé na daoine ar athraig an saol mar gheall orthu san fhichiú haois?

Sa chaibidil seo foghlaimeoidh tú an dóigh:

✓ le breitheanna a thabhairt ar cad é a dhéanann díol suntais d'eachtra nó de dhuine;

✓ le scileanna cinnteoireachta a fhorbairt trí iniúchadh a dhéanamh ar imeachtaí agus ar dhaoine suntasacha san fhichiú haois;

✓ le fiosrú a dhéanamh ar spreagadh daoine aonair agus rialtas;

✓ le féinbhainistíocht agus scileanna fiosrúcháin a léiriú trí pháirt a ghlacadh in imscrúdú grúpa.

BÍ GNÍOMHACH 1

a Is fiú cuimhne a choinneáil ar na heachtraí uilig a thaispeántar ar an leathanach seo, ach an eachtraí suntasacha iad? Labhair le daoine sa teaghlach nó sa phobal agat a bhfuil cuimhne acu ar na heachtraí seo agus cuir ceist orthu cad chuige a raibh siad suntasach.

b Mar bhall de ghrúpa díospóireachta, déan liosta de na heachtraí móra a tharla le do linn féin. An raibh eachtra ar bith acu 'suntasach' i dtaca le cúrsaí staire de? Cad chuige?

c 'Ní féidir a mhaíomh go bhfuil eachtra suntasach ó thaobh staire de go dtí na céadta bliain ina dhiaidh.' An aontaíonn tú? Amharc siar ar liosta na gcritéar a dhéanann díol 'suntais' d'eachtra (leathanach 18). Luaigh fáthanna nach ceadmhach 'mórimeacht staire' a bhaisteadh ar eachtra go dtí na blianta fada ina dhiaidh.

CUID 1 – MÓRIMEACHTAÍ

Cad chuige a mbeadh eachtra suntasach?

Pósadh ríoga an Phrionsa Charles agus an Bhanphrionsa Diana, 29 Iúil 1981

Scaoileadh saor Nelson Mandela, 11 Feabhra, 1990. Bhí feachtas ag daoine fud fad an domhain ag iarraidh é a scaoileadh saor agus deireadh le cinedheighilt san Afraic Theas.

Ionsaí sceimhlitheoireachta ar na Dá Thúr i Nua-Eabhrach, 11 Meán Fómhair 2001

Bua Learpholl i Sraith na gCuradh, Mí na Bealtaine 2005

MÓRIMEACHT – LEAGTAR AN BALLA

Chuaigh na mílte Gearmánach chuig balla mór i lár chathair Bheirlín i mí na Samhna, 1989. Sheas siad air agus dhreap siad thairis. D'ionsaigh siad é le piocóidí, le hoird agus le siséil fiú. Bhí siad ag gáire, ag caoineadh agus ag déanamh ollghairdis. Leag fir le tochaltóirí móra é. Chruinnigh daoine eile clocha coincréite agus dhíol siad iad mar chuimhneacháin.

Ba mhórimeacht stairiúil san fhichiú haois é titim Bhalla Bheirlín sa bhliain 1989. Ní rud mór ann féin é balla a leagan – agus ní raibh sé doiligh a dhéanamh. Níl mórán de fágtha inniu.

Cad chuige ar chúis ollghairdis é balla a leagan?

Sa chéad chuid den chaibidil seo déanfar machnamh ar an chás.

Ceiliúradh leagan an bhalla

BÍ GNÍOMHACH 2

a 'Bhí titim Bhalla Bheirlín sa bhliain 1989 ina mórimeacht stairiúil.' Mínigh cad é a chiallaíonn sé seo, dar leat, i do chuid focal féin.

b 'Cad chuige a mbeadh an oiread sin gliondair ar dhaoine as balla a leagan?' Sa ghrúpa agat, déan liosta de na ceisteanna ba mhaith leat a chur leis an scéal seo a fhiosrú. (Bain úsáid as na pictiúir ar an leathanach seo le cuidiú leat.)

c Nuair a bheas an liosta ceisteanna déanta agat, inis don chuid eile den rang iad. Agus tú ag dul tríd scéal Bhalla Bheirlín, amharc faoi choinne shiombail an bhríce ✉ agus cuir tic le do chuid ceisteanna de réir mar a fhreagraítear iad.

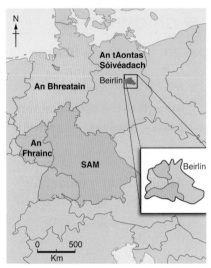

Léarscáil a thaispeánann ceantair na Gearmáine a bhí faoi réimeas ceann de na Comhghuaillithe ag deireadh an Dara Cogadh Domhanda.

FOINSE 1

Sa bhliain 1946 d'fhógair Winston Churchill, ceannaire na Breataine, don iarthar go raibh Cuirtín Iarainn i ndiaidh titim idir an t-iarthar saor agus an Bloc Sóivéadach. ✉

'Tá na páirtithe Cumannacha … ag iarraidh riail ollsmachtach a chur i bhfeidhm gach áit,' ar seisean. Mhaígh rialtas na Sóivéide gur fógairt cogaidh a bhí san óráid aige.

Foilsíodh an cartún seo le healaíontóir Rúiseach sa bhliain 1947. Taispeántar Churchill mar mholtóir cogaidh, sna sála ag Hitler agus na Naitsithe.

CAD CHUIGE AR TÓGADH AN BALLA?

Nuair a treascraíodh Hitler sa bhliain 1945 rinne na comhghuaillithe forghabháil ar cheantair dhifriúla sa Ghearmáin (féach an léarscáil). Cé go raibh Beirlín i bhfad istigh sa cheantar Sóivéadach, bhí sí féin scoilte ina ceithre cheantar. Chiallaigh sé seo go raibh críocha istigh sa chrios Sóivéadach a bhí faoi riail Mheiriceá, na Fraince, agus na Breataine. ✉

Fadhb a bhí ann cionn is nach raibh an domhan aontaithe i ndiaidh an chogaidh. Bhí scoilt ollmhór idir APSS – 'na Sóivéadaigh' – agus comhghuaillithe an iarthair. ✉ Tír Chumannach le pobal Cumannach a bhí sa Rúis; DAONLATHAS a bhí i bhfeidhm i ngach tír de chuid chomhghuaillithe an iarthair. Taispeántar na difríochtaí sa tábla thíos.

SAM	APSS
Rogha de pháirtithe polaitíochta.	Aon pháirtí amháin ceadaithe.
Saoirse cainte.	Diansmacht ar na meáin ag an rialtas.
Saoirse ag saoránaigh a oiread airgid agus ab fhéidir a ghnóthú.	Geilleagar rialaithe ag an stát ar mhaithe leis an stát.
Córas aicmeach – saibhreas agus daibhreas ann.	Cothromaíocht – difear níos lú idir saibhir agus daibhir
Creideamh daingean docht gur ceart an modh maireachtála seo.	Creideamh daingean docht gur ceart an modh maireachtála seo.

Níorbh fhada gur éirigh an chnámh spairne a bhain le córais pholaitiúla ina coimhlint ghéar. Rinne APSS forghabháil ar na tíortha in oirthear na hEorpa a 'd'fhuascail' sé ag deireadh an chogaidh, agus rinne sé cinnte de go raibh rialtais a bhí daingean docht i bhfách le Cumannachas Sóivéadach i gceannas ✉. Bhí rialtas SAM buartha faoi thionchar méadaitheach APSS agus chuir sé na billiúin dollar de 'CHÚNAMH MARSHALL' isteach san Eoraip – arbh ionann é agus 'IMPIRIÚLACHAS dollar' (impireacht a cheannach) dar leis na Sóivéadaigh. ✉

Faoin bhliain 1948 ba naimhde iad an t-iarthar agus na Sóivéadaigh. Ní fhéadfadh siad DUL chun cogaíochta i ndáiríre, áfach. Bhí eagla ar an dá thaobh an buama is cumhachtaí a bhí riamh ann, an buama adamhach, a úsáid. Thug siad Comhscrios Cinnte (MAD) ar a leithéid. Scriosfadh siad an domhan. Ina áit sin bhí 'Cogadh Fuar' ann: rinne siad gach iarracht a chéile a scriosadh gan troid féin a dhéanamh.

BÍ GNÍOMHACH 3

a Amharc ar léarscáil na hEorpa. Cad chuige ar mhaith leis na Sóivéadaigh tíortha oirthear na hEorpa a *rialú*? Cad é a bheadh le *gnóthú* ag SAM as cúnamh a thabhairt don Eoraip i ndiaidh an chogaidh?

b Déan staidéar ar Fhoinse 1 agus an fhaisnéis ar an leathanach seo le míniú a thabhairt ar an fháth nach raibh *muinín* ag ceachtar den dá thaobh as a chéile agus *nár* tharla cogadh sa bhliain 1948.

Imshuí Bheirlín, 1948

Bhí baint lárnach ag Beirlín cheana féin le géarchéim sa bhliain 1948.  Rinne na comhghuaillithe iarracht geilleagar na Gearmáine a spreagadh trí chóras nua airgid a thabhairt isteach ar 23 Meitheamh, 1948, sna ceantair a bhí á rialú acu. Bhí geilleagair an iarthair i bhfad níos láidre ná geilleagar na Sóivéadach agus mar sin de ba mhaith leis na daoine sna ceantair a bhí á rialú ag na Sóivéadaigh an t-airgead nua céanna. Bhí ollráchairt airgid ar na bainc sa chrios Sóivéadach. Mar sin de, dhruid Stalin, ceannaire na Sóivéadach, na teorainneacha le criosanna an iarthair i mBeirlín ar 24 Meitheamh, 1948.

Shíl comhghuaillithe an iarthair gur iarracht é seo ag Stalin Beirlín Thiar a threascairt trí riachtanais an tsaoil a shéanadh uirthi. D'éirigh Beirlín Thiar ina shiombail den Chogadh Fhuar. Thug na comhghuaillithe soláthairtí isteach go Beirlín Thiar le heitleáin ar feadh aon mhí dhéag. Nuair a chuir Stalin deireadh leis an IMSHUÍ ar 12 Bealtaine 1949, mhaígh na Meiriceánaigh agus na Briotanaigh gur shábháil siad Beirlín Thiar.

Aertharlú Bheirlín

Balla Bheirlín, 1961

D'éirigh Beirlín ina ábhar aiféaltais ag na Sóivéadaigh sna blianta i ndiaidh 1948. Bhí rath chomh mór sin ar Bheirlín Thiar i gcomparáid le Beirlín Thoir gur chruthaigh sé droch-chuma ar mhodh maireachtála na gCumannaithe.  Bhí lear mór daoine as Beirlín Thoir ag obair i mBeirlín Thiar; faoin bhliain 1961 bhí 2,000 oibrí (go leor acu oilte) as Beirlín Thoir ag dul isteach i mBeirlín Thiar gach lá agus ag éalú uaidh sin go dtí an iarthar.  Lena chois sin, chreid an rialtas Sóivéadach go raibh Beirlín in úsáid ag na Meiriceánaigh mar bhunáit spiadóireachta.

D'éiligh Khrushchev, ceannaire na Sóivéide, go n-imeodh na Meiriceánaigh as Beirlín i mí an Mheithimh, 1961. Nuair a dhiúltaigh Uachtarán Mheiriceá, John F. Kennedy, a leithéid a dhéanamh, mhúscail muintir Bheirlín ar maidin 13 Lúnasa, 1961, agus chonaic siad go raibh balla tógtha ag rialtas na Gearmáine Thoir trasna lár Bheirlín.

FOINSE 2

Cuireadh cosc ar thruailliú an impiriúlachais ar an oirthear ag an bhalla … Chomh maith leis sin, ní raibh muintir na Gearmáine Thoir 'sáinnithe' ag an bhalla! Bhí cead acu dul go dtí an Pholainn nó an Ungáir. Ní raibh ach na tíortha iartharacha coiscthe orthu, cionn is, ní nach ionadh, ní bhíonn tú ag taisteal thart i gcríocha an namhad.

Von Schnitzler, iarláithreoir teilifíse sa Ghearmáin Thoir, ar cuireadh agallamh air sna 1990í. Bhíodh sé i mbun oibre ag iarraidh 'tionchar truaillitheach' theilifís an iarthair ar mhuintir na Gearmáine Thoir a chur ar neamhní.

BÍ GNÍOMHACH 4

a Déan staidéar ar Fhoinse 2. An foinse chlaonta í? Mínigh do fhreagra.

b Bhí lear tosca ag baint le tógáil an bhalla. Cá mhéad toisc is féidir leat a aimsiú ar leathanaigh 54–55? Rinneadh cuid acu a mharcáil le siombail bhríce –  ach an dtig leat tuilleadh a aimsiú?

c Tarraing roinnt brící, scríobh toisc amháin ar gach ceann acu agus cuir ar chlár pionnaí iad in ord dáta. Gach bríce ar a sheal, déan iarracht *an dóigh* ar chuidigh an toisc sin le tógáil Bhalla Bheirlín a mhíniú.

FOINSE 1

Tá líon daoine ar domhan inniu nach dtuigeann i ndáiríre cad é an chnámh spairne idir an domhan saor agus an domhan Cumannach.

Tagadh siad go Beirlín! Tá daoine san Eoraip agus eile a deir go dtig linn comhoibriú leis na Cumannaithe.

Tagadh siad go Beirlín!

As óráid de chuid Uachtarán Mheiriceá Kennedy, i mBeirlín, sa bhliain 1963. Labhair Kennedy taobh leis an bhalla, agus rinne sé cinnte de go bhféadfadh daoine ar an thaobh thall den bhalla, áit a raibh siad cruinn le héisteacht leis, é a chluinstin.

FOINSE 2

'Cad chuige a bhfuil an balla de dhíth oraibh?' a d'fhiafraigh duine de na turasóirí. D'éist siad leis an oifigeach agus na cúinsí a mhair roimh 13 Lúnasa, 1961 á míniú aige dóibh.

Arsa an t-oifigeach: 'Ó bhí 1961 ann d'éirigh linn sóisialachas a thógáil ar dhóigh is éifeachtaí ná riamh roimhe. Baineadh úsáid as Beirlín Thiar go minic mar ábhar ionsaithe ar an Phoblacht againn. Ach ní éireoidh le lucht an impiriúlachais an teorainn againn a bhriseadh!'

As English For You, *téacsleabhar scoile ón Ghearmáin Thoir (1979)*

FOINSE 3

D'éirigh go hiontach leis! Tháinig na bearta le síocháin a chinntiú aniar aduaidh go hiomlán ar na naimhde againn … D'fhorbair cumhacht sa Ghearmáin a sheasfaidh an fód i gcoinne míleatachas barbartha … Rugadh bua ar na míleataithe! Thiontaigh cothromaíocht na cumhachta i gcoinne na míleataithe, agus tá tús le treascairt na míleataithe go huile is go hiomlán ag teacht sa Ghearmáin!

Argóint 55, a scríobh rialtas na Gearmáine Thoir do Thoghchán i mí Mheán an Fhómhair 1961.

1961: Ardaíonn daoine sa Ghearmáin Thoir a gcuid leanaí sa dóigh go dtig leis na seantuismitheoirí a bhfuil cónaí orthu i mBeirlín Thiar iad a fheiceáil. Ní bheadh na seantuismitheoirí ábalta breith ar na garpháistí a choíche, agus cuireadh stop fiú leis na cruinnithe seo go gairid ina dhiaidh.

BEO LEIS AN BHALLA

Bhí difear ollmhór sa saol ar gach taobh de Bhalla Bheirlín. I ndiaidh tamaill, bhí an Ghearmáin Thiar ar na tíortha ba shaibhre san Eoraip. Bhí saol níos crua ag muintir na Gearmáine Thoir, ach thacaigh cuid mhór daoine leis an chóras Chumannach agus chonacthas dóibh gur chothroime dáileadh an tsaibhris ann. Bhí bród orthu as an chóras oideachais agus éachtaí na n-iomaitheoirí spóirt acu sna Cluichí Oilimpeacha. B'annamh a tugadh dúshlán an rialtais Chumannaigh, áfach, ar fhaitíos póilíní rúnda, an Stasi, ar baineadh úsáid astu leis an áit a smachtú. An té a mbeadh amhras mídhílseachta i gcoinne an stáit air, d'fhéadfaí pionós a ghearradh air nó é a bhriseadh as a phost.

Neartaíodh agus feabhsaíodh an Balla le himeacht ama. D'éirigh sé ina shiombail den Chogadh Fhuar. Dheighil sé Beirlín, ach ba shiombail é den deighilt idir APSS agus na tíortha i mBloc an Oirthir a bhí faoi smacht aige, agus SAM agus tíortha daonlathacha an Iarthair. Bhain an dá thaobh úsáid as mar ghléas BOLSCAIREACHTA i gcoinne a chéile.

FOINSE 4

Ainneoin contúirt ollmhór, rinne a lán daoine iarracht éalú chuig an iarthar. Maraíodh 171 duine idir 1961 agus 1989 agus gortaíodh lear mór eile go holc de dheasca balla lánchosanta. Gabhadh cuid mhór daoine agus cuireadh i bpríosún iad.

Ar 17 Lúnasa 1962, scaoil gardaí de chuid na Gearmáine Thoir Peter Fechter, déagóir as an Ghearmáin Thoir sa droim agus é i mbun iarracht éalaithe. Fágadh ina luí é i bhfál sreinge deilgní ag fáil bháis go mall mar gheall ar chailleadh fola. Bhí meáin chumarsáide an domhain i láthair. Ní fhéadfadh saighdiúirí Meiriceánacha tarrtháil a thabhairt air cionn is go raibh sé cúpla slat istigh sa chrios Sóivéadach. Bhí leisce ar ghardaí na Gearmáine Thoir dul de dheis dó ar eagla na saighdiúirí Meiriceánacha, a scaoil garda de chuid na Gearmáine Thoir roinnt laethanta roimhe sin. Thug gardaí ón Ghearmáin Thoir an corp ar shiúl sa deireadh.

FOINSE 5

Bunaíodh an scannán fíochmhar The Spy Who Came In From The Cold (1965) ar an Chogadh Fhuar. Sa scéal, níl aon chúis chneasta a thuilleadh ag ceachtar den dá thaobh. Ba é an Balla féin, chomh maith leis an éadóchas agus an teannas a bhain leis, réalta an scannáin. Ag deireadh an scannáin déanann an laoch searbhaithe iarracht a chéadsearc as an Ghearmáin Thoir a tharraingt thar an Bhalla chun na saoirse. Scaoiltear í agus faigheann sí bás agus, nuair a théann sé síos chuici, déantar a mhacasamhail chéanna leis.

BÍ GNÍOMHACH 5

a Déan staidéar ar Fhoinse 1. Mínigh an méid a dúirt an tUachtarán Kennedy faoin bhalla.

b Déan staidéar ar Fhoinse 2 agus 3. Liostaigh na hargóintí uilig a d'úsáid na Cumannaithe mar chosaint ar an bhalla.

c Déan cuardach Idirlín ar 'iarrachtaí éalaithe Bhalla Bheirlín' agus scríobh nótaí ar na dóigheanna éagsúla a rinne daoine as an Ghearmáin Thoir iarracht éalú chuig an iarthar.

d Bain úsáid as an fhaisnéis ar leathanach 56 agus Foinsí 4 agus 5 leis na cúiseanna ar mhaith le daoine i mBeirlín Thoir éalú thar an bhalla a mhíniú.

THE SOVIET UNION AND EASTERN EUROPE /-

IF YOU SEEK LIBERALIZATION! COME HERE,

TO THIS GATE.

    MR. GORBACHEV, OPEN THIS GATE.

    MR. GORBACHEV, TEAR DOWN THIS WALL.

    I UNDERSTAND THE FEAR OF WAR AND THE

PAIN OF DIVISION THAT AFFLICT THIS

CONTINENT /- AND I PLEDGE TO YOU MY

COUNTRY'S EFFORTS TO HELP OVERCOME THESE

Ar 12 Meitheamh 1987, thug an tUachtarán Ronald Reagan ó SAM cuairt ar Bheirlín agus d'agair sé ar Gorbachev Balla Bheirlín a leagan agus deireadh a chur leis an Chogadh Fhuar. Seo thuas cárta na hóráide a bhí aige nuair a labhair sé.

FOINSE 1

Nuair a bhí a fhios againn go raibh Gorbachev ag smaoineamh ar leasú, d'aithin muid nach gcuirfeadh sé i gcoinne ár gcuid leasuithe, agus bhí sé sin tábhachtach dar linn.

As agallamh le Lech Walesa, ceannaire Solidarnosc, gluaiseacht na leasuithe sa Pholainn.

FOINSE 2

Bhí Gorbachev ina ábhar mór dóchais againn. Thriail sé a thír a athrú sa dóigh chéanna gur mhaith linn ár dtír a athrú – trí Pheireastráice, léirscaoileadh de réir a chéile.

As agallamh le Stefan Heym, scríbhneoir as an Ghearmáin Thoir.

FOINSE 3

Má bhíonn tú i do chónaí faoi chóras leatromach, ní shiúlann tú le do cheann in airde, bíonn sé crom i gcónaí ort. Anois bhí seans againn an droim a dhíriú agus ár n-aghaidh a thaispeáint agus cumhacht na ndaoine a léiriú.

As agallamh le Monika Langeman, a raibh cónaí uirthi i mBeirlín Thoir.

TAGANN AN BALLA ANUAS

D'éirigh Mikhail Gorbachev ina cheannaire ar an AONTAS SÓIVÉADACH sa bhliain 1985. Bhí neart fadhbanna sa tír ag an am. Bhí an geilleagar scriosta ag costas na bhfórsaí armtha agus bhí an tuath truaillithe ag dramhaíl thionsclaíoch. Nochtadh teip thionscail na Sóivéadach ag Searnóbail, tubaiste na cumhachta núicléiche ba mheasa riamh ar domhan. Bhí cogadh costasach ar siúl ag trúpaí na Rúise san Afganastáin agus ní raibh ag éirí leo. Sa bhliain 1987, tháinig Uachtarán Mheiriceá, Ronald Reagan, a raibh an dúrud airgid curtha isteach aige in IOMAÍOCHT NA N-ARM le hAPSS, tháinig sé chuig Beirlín Thiar le háitiú ar Uachtarán nua na Rúise an balla a leagan. Bhí sé in am athrú a chur i bhfeidhm, dar le Gorbachev, agus thosaigh sé ar leasuithe eacnamaíocha agus polaitiúla a thabhairt isteach sa Rúis. Thug na polasaithe aige de PHEIREASTRÁICE (leasú) agus GLEASNAST (oscailteacht) misneach do dhaoine dúshlán chóras an Chumannachais, agus an creideamh aige sa smacht iomlán, a thabhairt.

Thosaigh Gorbachev ar chomhchainteanna DÍ-ARMÁLA le Reagan. Sa bhliain 1987, chomhaontaigh an bheirt uachtarán ar dheireadh a chur le hiomaíocht na n-arm agus ar roinnt arm adamhach acu a scriosadh. Bhí tús le coscairt sa Chogadh Fhuar. Mhaígh Gorbachev nach gcuirfeadh APSS isteach ar ghnóthaí na dtíortha den Chuirtín Iarainn a thuilleadh.

Bhí lear mór daoine san Ungáir, sa Pholainn, sa tSeicslóvaic agus sa Rómáin a fuair spreagadh as a raibh ag titim amach sa Rúis. Bhí sé de mhisneach acu dul ar na sráideanna agus toghcháin shaora a éileamh. Ábhar iontais agus gliondair a bhí sna léirsithe síochánta seo do lucht an iarthair. An raibh sé indéanta go mbeadh deireadh i ndáiríre le seanrialtais Chumannacha oirthear na hEorpa? San earrach 1989 thug mic léinn sa tSín, a bhí spreagtha ag imeachtaí san Eoraip, dúshlán a gceannairí Cumannacha. Bhí alltacht agus uafás ar mhuintir an domhain trí chéile ar 3 Meitheamh nuair a thosaigh tancanna ag scaoileadh agóideoirí neamharmtha i gcearnóg Tiananmen.

Chonaic na daoine sa Ghearmáin Thoir agus sa Ghearmáin Thiar cad é a bhí ag titim amach sna tíortha eile. Mháirseáil na mílte duine de bhunadh Bheirlín Thoir a fhad le Balla Bheirlín agus d'éiligh siad cead isteach san iarthar. Ní raibh a fhios ag na gardaí cad é ba chóir dóibh a dhéanamh. Bhí nóiméad teannais ann agus ansin lig na gardaí isteach iad. Sna laethanta ina dhiaidh sin, tháinig na sluaite de lucht Bheirlín Thoir agus Thiar le piocóidí agus le casúir gur leag siad an balla.

Chuir na sluaite agóideoirí brú millteanach ar rialtais Chumannacha sa Rómáin, sa tSeicslóvaic, sa Pholainn agus san Ungáir agus thug siad orthu éirí as. Bhí 1989 ina bhliain chinniúnach, ina raibh deireadh le Cumannachas agus athruithe móra i gcúrsaí polaitíochta fud fad Oirthear na hEorpa.

I ndiaidh thitim an Bhalla

Taobh istigh de bhliain, bhí an dá Ghearmáin aontaithe. Bhí sé an-doiligh dhá chóras pholaitiúla shóisialta eacnamaíocha a bhí chomh difriúil lena chéile a aontú. Bhí daoine san Oirthear a bhain an-sult as an tsaoirse nua pholaitiúil acu, ach bhí daoine eile ann a raibh sé deacair acu dul i dtaithí ar a saol úr agus gach cinneadh a dhéanamh dóibh féin don chéad uair. Bhí tuarastail, cíosanna, agus praghsanna i bhfad níos ísle san Oirthear agus anois bhí cruatan airgeadais ann chomh maith le hiomaíocht maidir le poist agus le háiteanna ollscoile de. Tháinig míshásamh ar roinnt daoine as an Ghearmáin Thiar mar gheall ar na múrtha airgid a bhí á gcur isteach anois sa Ghearmáin Thoir.

Bhrostaigh titim an Bhalla cliseadh APSS sa bhliain 1991. Bhí saoirse ag tíortha uilig oirthear na hEorpa a bhí faoi smacht APSS roimhe sin agus thosaigh siad ar thoghcháin dhaonlathacha a reáchtáil. Ba mhaith le cuid acu dul isteach san Aontas Eorpach (AE). D'fhéadfadh oibrithe agus turasóirí dul áit ar bith san Eoraip dá bharr. Bíonn na cearta agus na pribhléidí céanna ag saoránaigh an AE agus chuaigh oibrithe ar imirce as Éirinn, an Phortaingéil, an Pholainn agus as ballstáit eile ar lorg oibre.

Nuair a thit an Balla tháinig caipitleachas chuig na tíortha a bhí i mBloc an Oirthir tráth. Ghnóthaigh roinnt daoine saibhreas ollmhór, amhail Roman Abramovich, a cheannaigh Chelsea FC. D'éirigh margaí airgeadais níos domhanda, agus bhí tionchar aige seo ar thíortha fud fad an domhain.

Baineann an domhan i ndiaidh 1989 le hathrú go huile agus go hiomlán agus, go hidirnáisiúnta, táimid beo i dtréimhse neamhchinnteachta.

FOINSE 6

Anois go bhfuil sé briste bearnach, an ábhar buartha é chomh mór sin ionam? ...

Is príosún é an t-am atá caite, ar mhaith liom agam é ...

agus tá rud éigin sa seanchroí agam ar mian leis ... a choinneáil ... an tsráid ordúil, oifigí seanchaite an Stáit, [agus], a fhios agam gur saoránach maith mé ... iniúchta agus meas orm dá bharr, agus go gcosnódh an stát mé ar an bhás.

Cuireadh an dán Balla Bheirlín *leis an fhile Cheanadach George Stanley (a tháinig ar an saol in 1934) i gcló sa bhliain 2003. Tá an file idir dhá chomhairle faoin domhan anaithnid a d'fhág titim Bhalla Bheirlín, agus amharcann sé siar agus cumha ar na seanchinnteachtaí.*

FOINSE 4

Bhí mé i lúb cuideachta a bhí ag bualadh bos. Ní raibh a fhios agam cad chuige. Ansin, d'aithin mé. Bhí mé i mBeirlín Thiar, bhí lucht Bheirlín Thiar i ndiaidh teacht a fhad leis an teorainn agus bhí siad ag bualadh bos ar ár son. Bhí muid uilig ag caoineadh agus ag breith barróg ar a chéile.

Tugann Monika Langeman a céad chuairt go Beirlín Thiar i gcuimhne. Thug rialtas Bheirlín Thiar roinnt airgid do gach cuairteoir a tháinig agus ligeadh dóibh tamall siopadóireachta a dhéanamh.

FOINSE 5

B'éigean duit a bheith ansin le fíorthábhacht na hócáide a mhothú. Mothaím go bhfuil mé beannaithe gur mhair mé tríd an nóiméad sin le gach saoránach eile de chuid Bheirlín, Thoir agus Thiar. Is nóiméad é nach ndéanfaidh mé dearmad choíche de.

Luann Brennan, ag scríobh ar thitim Bhalla Bheirlín.

BÍ GNÍOMHACH 6

a An fhaisnéis ar leathanach 56 in úsáid agat, aimsigh CÚIG fháth le titim an Bhalla.

b An fhaisnéis ar leathanach 57 in úsáid agat, aimsigh CÚIG thoradh ar thitim an Bhalla.

c Amharc ar Fhoinsí 1 agus 2. Cad é an dearcadh maidir le ról Gorbachev i dtitim Bhalla Bheirlín?

d Cuir Foinsí 3 agus 6 i gcomparáid lena chéile. Cad é an difear sa dearcadh idir an bheirt scríbhneoirí? Luaigh fáthanna a mbeadh tuairimí difriúla acu maidir leis an saol taobh thiar den bhalla.

e Ar imeacht suntasach é titim Bhalla Bheirlín? Arís eile, bain úsáid as na sé chritéar a d'fhoghlaim tú ar leathanach 16 le cuidiú leat cinneadh a dhéanamh.

CUID 2 – DAOINE SUNTASACHA

Bhí tionchar ag daoine coitianta sa saol riamh. Is laochra cuid acu a sheasann an fód i gcoinne leatroim agus cruálachta. Is nuálaithe cuid acu a athraíonn an dóigh a mbímid ag smaoineamh, ag obair nó ag amharc ar rudaí. Is daoine spóirt nó ealaíontóirí cuid acu a spreagann daoine eile a bheith chomh maith agus is féidir leo sa réimse acu.

Cuimhnigh: ní hionann a bheith suntasach agus a bheith clúiteach!

● Má tá daoine clúiteach ciallaíonn sé gur chuala líon mór daoine eile iomrá orthu.
● Má tá daoine suntasach ciallaíonn sé go ndearna siad rudaí a chuaigh i bhfeidhm ar shaol daoine eile ar dhóigheanna tábhachtacha (bíodh siad maith nó olc) – cé nár chuala tú iomrá riamh orthu b'fhéidir.

Sna leathanaigh seo a leanas déanfar iniúchadh ar bheathaí bheirt bhan cháiliúla ón fhichiú haois lena dhéanamh amach ar mhná 'suntasacha' *iad*.

Emmeline Pankhurst

Scéal

Rugadh Emmeline Pankhurst i Manchain i lár an naoú haois déag, nuair nach raibh cead vótála ag mná agus gur annamh ceart dlíthiúil a bhí acu. Bhí an t-ádh uirthi cionn is go raibh tuismitheoirí aici a d'aithin tábhacht an oideachais do mhná agus thug siad spreagadh di a cuid smaointeoireachta féin a dhéanamh. Phós sí dlíodóir saibhir agus d'fhéadfadh sí saol an duine uasail a roghnú di féin, le teach galánta agus searbhóntaí. Ina áit sin, d'eirigh sí ina Bardach Dhlí na mBocht, ag tabhairt cuairt ar theach na mbocht áitiúil.

Ábhar uafáis d'Emmeline an dóigh ar chaith an tsochaí le mná, agus shocraigh sí nach mbeadh faoiseamh i ndán dóibh go bhfaigheadh siad vótaí. Nuair a fuair a fear céile bás go tobann sa bhliain 1898, d'éirigh Emmeline agus na hiníonacha aici, Christabel agus Sylvia, níos gníomhaí san fheachtas ar son an vóta. Chuir siad eagraíocht nua ar bun darbh ainm the Women's Social and Political Union (WSPU) agus ghríosaigh siad mná feidhm a bhaint as bearta MÍLEATACHA le CEART VÓTÁLA a fháil dóibh féin.

Bhí a lán ban (na 'Sufraigéidí') ag an am sin i mbun feachtais, trí mhodhanna síochánta amháin, le ceart vótála a fháil. Chuir siad achainíocha os comhair an rialtais agus bhí cruinnithe acu. Scairt 'Sufraigéidí' Emmeline, an leasainm acu, amach sa Pharlaimint, d'eagraigh siad mórshiúlta, cheangail siad iad féin de ráillí le slabhraí agus bhris siad fuinneoga. 'Nílimid anseo cionn is gur mhaith linn an dlí a shárú,' a mhaígh Emmeline. 'Táimid anseo cionn is gur mhaith linn an dlí a *dhéanamh*.'

Rinneadh Emmeline Pankhurst a chuimhneamh sa scannán *Mary Poppins* (1964), inar chan Bn. Banks (Sufraigéid dhíograiseach): 'Cuireadh glais lámh ar Bn. Pankhurst arís.'

Le himeacht aimsire tháinig foréigean ar bhonn méadaitheach isteach i bhfeachtas na Sufraigéidí. Loisc siad eaglaisí agus tithe móra go talamh. Nuair a gabhadh iad, mhaígh na Sufraigéidí gur príosúnaigh pholaitaíochta iad seachas coirpigh. Chuaigh siad ar stailc ocrais agus cuireadh iallach orthu bia a ithe. Thug Emmeline agus a híníonacha spreagadh dá lucht leanúna agóidí ní ba dhána a dhéanamh agus, sa bhliain 1913, maraíodh Sufraigéid amháin, Emily Davison, nuair a rinne sí iarracht breith ar chapall an Rí i rás an Derby.

Tháinig Emmeline roinnt uaireanta go hÉirinn le hóráidí a thabhairt, ach ní raibh toil ró-mhór ag Sufraigéidí na hÉireann di, cionn is gur shíl siad go raibh sí ag iarraidh an ghluaiseacht acu a rialú.

Nuair a thosaigh an Chéad Chogadh Domhanda i mí Lúnasa 1914, thug Emmeline agus an iníon ba shine aici iomlán tacaíochta don eachtra. D'fhógair an WSPU go gcuirfí an feachtas acu ar fionraí cé nach raibh 'Vótaí do Mhná' go fóill ann, agus d'iompair siad meirgí sna mórshiúlta acu a raibh leithéid 'Éilímid Ceart a bheith sa Chogadh' agus 'Caithfidh fir troid agus caithfidh mná obair a dhéanamh' scríofa orthu.

Cuireadh dealbh d'Emmeline Pankhurst gar do Thithe na Parlaiminte de bharr síntiús poiblí sa bhliain 1930. Thug Margaret Thatcher cuairt uirthi i mí Aibreáin 1979, go gairid sula raibh sí ina Príomh-Aire, an chéad bhean riamh sa phost.

Breithiúnas

Nuair a chríochnaigh an cogadh, bhronn an rialtas ceart vótála ar gach bean os cionn 30 bliain d'aois. Ar thoradh é seo ar an méid a rinne Emmeline Pankhurst, áfach? Maíonn roinnt staraithe nach raibh an vóta ag mná nuair a chuir na Sufraigéidí an feachtas acu ar fionraí sa bhliain 1914. Dar leo go raibh líon mór daoine i gcoinne na cúise mar gheall ar bhearta míleatacha Emmeline agus gur baineadh amach an vóta do mhná sa deireadh de bharr obair thírghrách na mban le linn an chogaidh chomh maith le háitiú síochánta na Sufraigéidí. Tá staraithe eile den bharúil, áfach, gur réitigh Emmeline an bealach do ghluaiseachtaí a bhain le feimineachas agus le saoirse na mban sna 1960í agus sna 1970í trí éileamh foréigneach don vóta a dhéanamh agus trí dhúshlán ról traidisiúnta na mban céile, na máithreacha agus na n-iníonacha a thabhairt chomh maith leis an chás a phoibliú.

Sheas Emmeline don Pharlaimint ach theip uirthi suíochán a bhaint. Fuair sí bás sa bhliain 1928.

BÍ GNÍOMHACH 7

a Leathanaigh 60 agus 61 in úsáid agat, déan nótaí ar Emmeline Pankhurst. Roghnaigh ábhair mholta agus ábhair lochtaithe maidir léi sa saol.

b Déan cuardach Idirlín le tuilleadh eolais a fháil ar Emmeline Pankhurst.

c Léigh faoi Bill Gates ar an chéad leathanach eile agus faigh tuilleadh eolais air ón Idirlíon.

Labhraíonn Bill Gates ag comhdháil ar an Idirlíon. Deir sé: 'Nuair ba dhéagóir mé, bhí fís agam den tionchar a bheadh ag ríomhairí ar chostas íseal. Ríomhaire ar gach deasc agus i ngach áit chónaithe.'

BILL GATES

Scéal

Rugadh Bill Gates sa bhliain 1955 in Seattle, Washington, SAM agus bhí a thuismitheoirí iontach saibhir. Cuireadh chuig scoileanna príobháideacha é agus ba mhac léinn maith é. Chuir sé spéis sna ríomhairí nuair b'innill ollmhóra iad a d'úsáid saineolaithe oilte amháin. Bhí suim mhór aige i bhforbairt bogearraí do ríomhairí agus nuair nach raibh sé ach 15 bliana d'aois scríobh sé ríomhchlár do chlár ama na scoile (a bhí códaithe aige sa dóigh go raibh sé féin i ranganna a raibh cailíní den chuid ba mhó iontu!). D'éirigh sé as Ollscoil Harvard ina dhiaidh sin le comhlacht bogearraí ríomhaire a bhunú.

Breithiúnas

Is féidir nach raibh tionchar ag duine ar bith san fhichiú haois chomh mór le Bill Gates ar shaol agus ar obair na coitiantachta. Bíonn táirgí amhail Microsoft Word in úsáid ag na milliúin teaghlach, oibrí oifige, dochtúir, riarthóir agus múinteoir gach lá. Tig le daoine fud fad an domhain teagmháil a dhéanamh lena chéile ar Internet Explorer – sa bhliain 2006, chaith daoine ar fud an domhain 21 billiún uair an chloig ar an Idirlíon; d'úsáid 80 faoin chéad acu Internet Explorer.

Tá Bill Gates ar na daoine is saibhre ar domhan ach mhothaigh sé gur chóir dó rudaí maithe a dhéanamh leis an saibhreas aige. Rinne sé staidéar ar obair DAONCHAIRDE Meiriceánacha eile cosúil le Andrew Carnegie agus John D. Rockefeller agus sa bhliain 1994 bunaigh sé an W.H. Gates Foundation. Tá na billiúin dollar tugtha ag an Fhondúireacht ag iarraidh fadhbanna an domhain a réiteach, amhail ocras, galair, sláinte agus oideachas do gach duine.

FOINSE 1

Critéir le suntasacht duine a mheas.

- Chruthaigh sé/sí rud nua.
- Tháinig clú is cáil air/uirthi sa saol.
- Gníomhaí ar son dea-chúiseanna.
- Ba cheannaire iontach é/í.
- Throid sé/sí le daoine a shaoradh ar rialtas olc nó ar dhlíthe éagóracha.
- Shábháil sé/sí beatha daoine.
- Chuir sé/sí athruithe maithe i bhfeidhm ar shaol na ndaoine.
- D'oibrigh sé/sí go crua.
- Bhí réimse mór spéiseanna aige/aici.
- D'éirigh sé/sí iontach saibhir.

Molta ag múinteoir staire

BÍ GNÍOMHACH 8

a An mbaineann na 'critéir shuntasachta' d'eachtra (leathanach 18) le daoine chomh maith?

b Mhol múinteoir roinnt critéar eile (Foinse 1). Cad é do bharúil fá dtaobh díobh?

c Ag obair le páirtí, déan liosta de: 'Critéir le suntasacht duine a mheas'. Bain úsáid astu le cinneadh a dhéanamh an raibh suntasacht ag baint le Emmeline Pankhurst nó le Bill Gates sa stair.

d Sa bhliain 2002, bhí comórtas ag an BBC leis an 100 Briotanach is mó suntas a fháil. Bain úsáid as an Idirlíon leis an bhuaiteoir a fháil.

Pleanáil, Déanamh, Athbhreithniú

EACHTRAÍ AGUS DAOINE SUNTASACHA

Rinne tú staidéar ar eachtra amháin agus ar bheirt daoine sa chaibidil seo chomh maith le machnamh a dhéanamh ar an tsuntasacht acu. Sa chleachtadh **Pleanáil, Déanamh, Athbhreithniú** seo bainfidh tú úsáid as do scileanna leis an duine nó an imeacht 'is suntasaí' a phlé agus a roghnú.

PLEANÁIL

Céim 1

Roinntear an rang ina ghrúpaí. Roghnaíodh gach grúpa staidéar a dhéanamh ar imeachtaí NÓ ar dhaoine aonair:

- aontaítear an dóigh le vóta a chaitheamh – m.sh. an vóta is mó, aonvóta inaistrithe, srl.;
- déantar foirm iarratais a dhearadh, amhail an ceann ar an leathanach seo, a dtig le gach ball grúpa vóta a scríobh air;
- labhraíodh gach ball grúpa ar son iarrthóra;
- éisteadh daoine lena chéile. Bí réidh le do rogha a chosaint ach éist leis an fháth a gcreideann daoine eile gur fearr a rogha féin. Caithfidh sibh comhaontú ar rogha amháin;
- bíodh meas agaibh ar rogha an ghrúpa;
- déantar cinnte de gur roghnaigh gach grúpa imeacht nó duine difriúil. Seans go mbeidh ar ghrúpaí athmhachnamh a dhéanamh ar an rogha acu.

Ainm duine/eachtra don Bhalla Suntasachta:

Cúlra (cur síos gairid fíriciúil):

Cosaint – fáthanna a bhfuil suntas stairiúil ag baint leis an duine/eachtra (cuirfear sonrú is mó in argóintí a bhainfidh úsáid as na critéir shuntasachta):

DÉANAMH

Déantar sprioc-am a chomhaontú do gach cur i láthair. Cuidigh le do ghrúpa:

- taighde a dhéanamh ar eachtra nó ar dhuine, ag díriú ar na fáthanna a raibh tábhacht leis/léi.
- machnamh a dhéanamh an raibh tionchar polaitiúil, sóisialta, eacnamaíoch, cultúrtha nó teicneolaíoch leis an eachtra nó an duine;
- cur i láthair gairid a ullmhú le focail agus le híomhánna ag cosaint bhur rogha.

Bíodh díospóireacht balúin agaibh

Ceaptar cathaoirleach ranga leis an díospóireacht a bhainistiú, cuireadh gach grúpa a rogha i láthair ar a sheal. Déantar cinnte de go gcloítear le sprioc-amanna.

Baintear úsáid as an mhodh roghnaithe le cinneadh a dhéanamh cé a fhanfaidh sa bhalún agus a chuirfear ar Bhalla na Suntasachta sa rang.

ATHBHREITHNIÚ

Déan machnamh ar an ghníomhaíocht, agus ar **do ról féin** sa tasc. Cuir ceist ort féin: *Cad é a rinne mé go maith? Ar úsáid mé mo scileanna taighde ar dhóigh éifeachtach? Ar chuir mé faisnéis i láthair go soiléir agus ar chuir mé ceisteanna maithe? Ar bhall grúpa maith mé? Ar chuidigh mé leis an ghrúpa comhaontú a dhéanamh?*

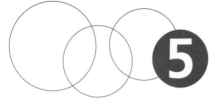

5 Críochdheighilt in Éirinn, cad chuige?

Sa chaibidil seo beimid ag foghlaim an dóigh le:

✓ cúiseanna na críochdheighilte a anailísiú agus a mhíniú;

✓ tábhacht na críochdheighilte inniu a thuiscint;

✓ do mhíniú féin ar chríochdheighilt na hÉireann a scríobh.

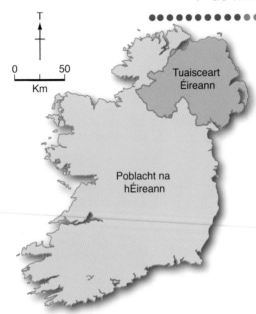

T

0   50

Km

Tuaisceart Éireann

Poblacht na hÉireann

Sa lá atá inniu ann, tá Éire roinnte ina dhá stát – 6 chontae Thuaisceart Éireann agus 26 contae Phoblacht na hÉireann. Cuireadh an chríochdheighilt seo i bhfeidhm sa bhliain 1921. Sa dá chaibidil ina dhiaidh seo déanfaimid fiosrú ar chúiseanna agus ar iarmhairtí na críochdheighilte sa bhliain 1921, agus ar cé chomh mór a raibh baint aici le foréigean SEICTEACH i dTuaisceart Éireann a dtugtar 'na Trioblóidí' air.

Déanfaimid machnamh ar chúiseanna na críochdheighilte agus ar réitigh eile a chuirfeadh deireadh le coimhlint in Éirinn.

Léarscáil na hÉireann inniu a thaispeánann an dóigh ar cuireadh críochdheighilt pholaitiúil i bhfeidhm sa bhliain 1921.

BÍ GNÍOMHACH 1

a Amharc ar an dá mhúrmhaisiú sna Foinsí 1 agus 2. Déan tamall machnaimh orthu. Baineann múrmhaisiú amháin acu leis an phobal NÁISIÚNACH agus múrmhaisiú eile leis an phobal AONTACHTACH.

b Roinn do chuid smaointe le páirtí agus aimsigh focail, siombailí nó dearthaí atá cosúil nó difriúil.

c Roinn do chuid smaointe anois leis an chuid eile den rang. Cad é an t-ábhar comhaontaithe agus an t-ábhar easaontaithe?

FOINSE 1

Múrmhaisiú i mBéal Feirste Thiar a rinneadh sa bhliain 1991.

FOINSE 2

Múrmhaisiú ar Bhóthar Bhaile Nua na hArda, Béal Feirste a rinneadh sa bhliain 1992.

CRÍOCHDHEIGHILT – CAD É A THARLA AGUS CÉN UAIR?

Téann bunchúiseanna na críochdheighilte siar na céadta bliain dar le roinnt staraithe. Maíonn staraithe eile gur tharla na cúiseanna sa tréimhse 1900–21 agus an choimhlint a bhain le RIALTAS DÚCHAIS. Déanfaimid cúiseanna fadtréimhseacha chríochdheighilt na hÉireann a iniúchadh ar leathanaigh 66–67, ach amharcfaimid a chéaduair ar na príomhimeachtaí a ndéanfaidh tú iniúchadh orthu sa chaibidil seo.

leathanaigh 66–67

1921 An Conradh Angla–Éireannach. Saorstát Éireann a bhí sna 26 contae ó dheas; bhí na 6 chontae ó thuaidh mar chuid den Ríocht Aontaithe go fóill.

1919–1921 Cogadh na Saoirse idir Poblachtaigh agus fórsaí na Breataine, ar tugadh na Dúchrónaigh ar chuid acu.

1918 Bhain *Sinn Féin* 73 suíochán as 105 san olltoghchán. Bhunaigh siad parlaimint (Dáil Éireann) i mBaile Átha Cliath.

1916 Éirí Amach na Cásca i mBaile Átha Cliath, nuair a theip ar iarrachtaí Poblacht na hÉireann a bhunadh.

1914 Ritheadh an Tríú Bille um Rialtas Dúchais, ach cuireadh ar fionraí é mar gheall ar an Chéad Chogadh Domhanda.

1913 Fuair an UVF agus ÓGLAIGH NA HÉIREANN gunnaí neamhdhleathacha.

1912 Shínigh AONTACHTAITHE ULADH 'Conradh agus Cúnant Sollúnta'.

1905 (Mí an Mhárta) Bhunaigh Protastúnaigh Uladh Comhairle Aontachtaithe Uladh le cur i gcoinne Rialtas Dúchais. (Mí na Samhna) Bhunaigh náisiúnaithe Éireannacha SINN FÉIN le neamhspleáchas a bhaint amach.

1886–1893 Chlis ar dhá Bhille Rialtas Dúchais in Westminster.

1858 Bunaíodh BRÁITHREACHAS PHOBLACHT NA HÉIREANN (na Fíníní) agus d'éirigh siad amach ar son shaoirse na hÉireann.

1845–1849 An Gorta Mór in Éirinn.

1829 Fuascailt na gCaitliceach – Bronnadh saoirse pholaitiúil agus saoirse reiligiúin ar Chaitlicigh.

1801 Acht an Aontais – Bhí Éire ina cuid den Ríocht Aontaithe.

1798 D'éirigh NA HÉIREANNAIGH AONTAITHE amach i gcoinne riail na Breataine.

1690 Cath na Bóinne. Bhí an bua ag William Oráiste. Cuireadh na Péindlíthe i bhfeidhm ar Chaitlicigh.

1649 Feachtas Chromail in Éirinn.

1610 Tháinig na chéad phlandálaithe Protasúnacha go hÉirinn mar chuid den Phlandáil.

1172 Fuair Henry 11 an lámh in uachtar ar Éirinn agus rinne sé Tiarna na hÉireann de féin.

BÍ GNÍOMHACH 2

a Léigh na himeachtaí san amlíne os ard le páirtí. Ansin scríobh liosta de na himeachtaí bunaithe ar:
  i na himeachtaí a mbeadh spéis ag Aontachtaithe iontu;
  ii na himeachtaí a mbeadh spéis ag Náisiúnaithe iontu;

b An bhfuil imeachtaí ann a mbeadh spéis ag Aontachtaithe agus Náisiúnaithe iontu?

c Cad iad na himeachtaí san amlíne a spreagfadh an Bhreatain an smacht aici ar Éirinn a dhaingniú?

d Roghnaigh imeacht amháin ón amlíne a chuirfeadh Aontachtaí nó Náisiúnaí ar mhúrmhaisiú. Inis do chuid smaointe don chuid eile den rang.

RIALTAS DÚCHAIS IN ÉIRINN

Bheadh spéis ag lear mór daoine in Éirinn i mblianta deiridh an naoú haois déag sa ghluaiseacht a bhí ag iarraidh Rialtas Dúchais a bhaint amach. Bheadh Éire féin freagrach as gnóthaí inmheánacha agus an Bhreatain as gnóthaí eachtracha. Sa chaibidil seo déanfaidh tú machnamh ar easaontú in Éirinn ar cheist an Rialtais Dúchais agus ar an dóigh ar éirigh sé ina phríomhchúis le críochdheighilt sa bhliain 1921.

CÚISEANNA FADTRÉIMHSEACHA NA CRÍOCHDHEIGHILTE

1 Éire Neamhspleách

Ar feadh na gcéadta bliain, ó ionradh na Normannach ar Éirinn sa bhliain 1169 ar aghaidh, d'éirigh grúpaí éagsúla in Éirinn amach ag iarraidh neamhspleáchas a fháil ón Bhreatain. Anseo thíos tá roinnt seifteanna a chuir an Bhreatain i bhfeidhm le neamhspleáchas a chosc agus le riail na Breataine a dhaingniú.

1 1100í–1400í

Rinne na Normannaigh faoi Henry II agus Strongbow ionradh ar Éirinn sa bhliain 1169, agus chuir siad mórchuid an oileáin faoi smacht. Laghdaíodh ar an tionchar sin faoin chúigiú haois déag, áfach, agus ní raibh fágtha acu ach limistéar beag thart ar Bhaile Átha Cliath ar tugadh an Pháil air. Bhí mórchuid na tíre arís faoi riail mhuintir na hÉireann, agus phós lear mór acu sliocht na Normannach.

2 1500í–1600í

Chuir Henry VII tús le Reifirméisean Shasana sa bhliain 1534 nuair a scar sé ó Eaglais na Róimhe gur bhunaigh sé Eaglais Shasana. Sa bhliain 1541 d'athraigh sé an teideal aige ó Thiarna na hÉireann go Rí na hÉireann mar rabhadh do thíortha Caitliceacha eile san Eoraip gan Éire a úsáid mar bhunáit le hionsaí a dhéanamh ar Shasana. Sa tréimhse sin, chuir Sasana NA CHÉAD PHLANDÁLACHA i bhfeidhm le smacht a dhaingniú ar Éirinn, ach níor éirigh leo. Tháinig Elizabeth I ina dhiaidh sin agus trí chogaí agus fheachtais d'éirigh léi riail Shasana in Éirinn a dhaingniú le lámh láidir.

3 1600í–1700í

Sa seachtú haois déag, dhaingnigh Sasana an smacht aici ar Éirinn leis an Phlandáil. Thug rialtas Shasana spreagadh do Phrotasúnaigh as Sasana agus as Alban lonnú a dhéanamh in Ulaidh. Ba le hÉireannaigh an talamh agus d'éirigh siad amach sa deireadh sa bhliain 1641. Threascair Cromail an t-éirí amach sa bhliain 1649. Bhí an bua ag William Oráiste ar Rí James II ag Cath na Bóinne sa bhliain 1690. Protastúnach a bhí i William Oráiste, Caitliceach a bhí i Rí James agus ríchathaoir na Breataine agus na hÉireann a bhí ina cnámh spairne eatarthu. Bhí Ulaidh faoi smacht daingean na bProtastúnach dá dheasca.

4 1700í–1800í

Agus é i mbun cogaíochta san Eoraip, chuir William Oráiste na Péindlíthe i bhfeidhm leis na Caitlicigh in Éirinn a choinneáil faoi smacht. Ni raibh saoirse gluaiseachta ag Caitlicigh agus ní raibh cead acu gunna, sealúchas ná talamh a cheannach. Ní fhéadfadh siad a bheith ina bhfeisirí ach oiread. Mhair na dlíthe seo isteach go maith san naoú haois déag. Sa bhliain 1798 d'éirigh na hÉireannaigh Aontaithe amach le deireadh a chur le riail Shasana le cuidiú na Fraince, ach theip orthu. Rith Sasana Bille an Aontais dá dheasca, a chuir deireadh le Parlaimint na hÉireann agus a dhaingnigh an smacht aici ar an tír arís.

5 1800í–1900í

Sa bhliain 1829 tugadh cead do Chaitlicigh a bheith ina bhfeisirí agus maolaíodh ar na Péindlíthe fosta. Chreid cuid mhór Éireannach nach gcaithfí ar dhóigh ní b'fhearr leo agus nach mbainfí saoirse na hÉireann amach trí mhodhanna síochánta. Shocraigh siad, mar sin de, dul i muinín na láimhe láidre. D'éirigh grúpa de Bhráithreachas Phoblacht na hÉireann, na FÍNÍNÍ, amach sa bhliain 1867 i gcoinne rialtas na Breataine. Theip air. Thacaigh lear mór Éireannach le Rialtas Dúchais ina dhiaidh sin agus cuireadh gluaiseacht an Rialtais Dúchais ar bun sa bhliain 1870. Faoi Rialtas Dúchais bheadh Éire féin freagrach as gnóthaí inmheánacha agus an parlaimint ag Westminster as gnóthaí eachtracha fós.

BÍ GNÍOMHACH 3

Léigh na ráitis thuas. Meaitseáil gach ráiteas le bosca 'modh smachta' ar leathanach 67.

MODHANNA SMACHTA

Srianta agus aontas

Ionradh agus treascairt

Plandáil

Smachtú agus daingniú

Billí Rialtas Dúchais

FOINSE 1

Sliocht as Móid an Oird Oráistigh. Bunaíodh an eagraíocht seo in Ulaidh sa bhliain 1795 nuair a bhí coimhlintí géara ann idir baiclí Protastúnacha agus baiclí Caitliceacha.

Geallaim go sollúnta agus go macánta de thoil shaor … go ndéanfaidh mé mo sheacht ndícheall tacaíocht agus cosaint a thabhairt do Rí George III agus don choróin fad a thacaíonn siad le CINSEALACHT NA BPROTASTÚNACH … geallaim fosta nach bhfuil mé, agus nach raibh mé riamh, i mo Chaitliceach nó i mo PHÁPAIRE; nach bhfuil mé agus nach mbeidh mé choíche i mo Éireannach Aontaithe.

FOINSE 2

Faoi cheannasaíocht Wolfe Tone (1763–1798), d'éirigh na hÉireannaigh Aontaithe amach le deireadh a chur le Riail Shasana in Éirinn. Bhí Protastúnaigh agus Caitlicigh san eagraíocht. Ainneoin cuidiú ón Fhrainc, theip ar an éirí amach agus gabhadh Wolfe Tone. Chuir sé lámh ina bhás féin ar ball i mí na Samhna 1798.

FOINSE 3

ILLUSTRATED TIMES   205

FENIAN FUGITIVES TAKING TO THE HILLS NEAR DUBLIN.

Is iad na Fíníní eagraíocht a bunaíodh i Meiriceá sa bhliain 1858 le saoirse a bhaint amach d'Éirinn. Sa chartún seo taispeántar Éirí Amach na bhFíníní 1867, ar theip air. Thacaigh Bráithreachas Phoblacht na hÉireann leis an éirí amach. Bunaíodh an eagraíocht le saoirse na hÉireann a bhaint amach le lámh láidir.

BÍ GNÍOMHACH 4

a Amharc ar Fhoinsí 1 go 3. Cad é a chuireann siad in iúl duit faoi na daoine ar mhaith leo Éire neamhspleách agus na daoine ar mhaith leo riail na Breataine?

b Cad é a chuireann na foinsí in iúl duit faoi na modhanna a d'úsáid na grúpaí éagsúla?

2 Sochaí Scoilte

Mar a chonaic tú sna leathanaigh roimhe seo, bhí muintir na hÉireann scoilte ó thaobh dearcaidh agus creidimh de. Imeachtaí polaitiúla a bhí freagrach as na smaointe go minic agus níl siad furasta a shainmhíniú. Chomh maith leis na difríochtaí sa chreideamh pholaitiúil acu, ní raibh muintir na hÉireann ar aon intinn faoin fhéinaitheantas, faoin mhuintearas ná faoin chreideamh acu.

D'fhoghlaim tú i mBliain 9 gur thosaigh an t-easaontú sa chreideamh leis an Reifirméisean sa séú haois déag nuair a ghoill na srianta ar an chreideamh acu agus na pribhléidí a bronnadh ar bhaill d'Eaglais Shasana ar na Caitlicigh. Dhaingnigh Plandáil Uladh go luath sna 1600í na difríochtaí seo a bhí bunaithe ar reiligiún agus mhéadaigh ar mhíshásamh na gCaitliceach dá dheasca chomh maith. Bhí amhras ag na Plandálaithe Protastúnacha fosta ar na comharsana Caitliceacha acu a chaill a gcuid tailte.

- Is trí cheathrú de phobal na hÉireann muid.
- Tá feirmeoirí tionónta agus oibrithe feirme inár measc.
- Is Caitlicigh den chuid is mó muid.
- Tá dúil againn sna cluichí Gaelacha amhail iománaíocht agus tá Gaeilge againn.
- Creidimid go bhfuil rathúnas na hÉireann scriosta ag Acht an Aontais.

- Is dhá thrian den phobal muid i dtuaisceart na hÉireann.
- Tá úinéirí talaimh, feirmeoirí, tionsclaithe agus oibrithe monarchan inár measc.
- Is Protastúnaigh muid.
- Tá dúil againn i bpeil.
- Creidimid gur cheadaigh Acht an Aontais fás na tionsclaíochta in Ulaidh, agus táimid rathúil dá bharr.

3 Cliseadh an Rialtais Dúchais

Mhéadaigh an teannas idir Náisiúnaithe agus Aontachtaithe de dheasca mholtaí rialtas na Breataine Rialtas Dúchais a cheadú in Éireann. Theip ar an dá iarracht tosaigh le bille Rialtas Dúchais a rith sna blianta 1886 agus 1893 ach bhí an chuma ar an scéal sa bhliain 1912 go n-éireodh leis an tríú hiarracht.

Ba iad na LIOBRÁLAITHE agus na COIMEÁDAIGH an dá pháirtí ba mhó in Westminster. Bhí an Páirtí Coimeádach i gcoinne Rialtas Dúchais mar chreid siad go mbeadh deireadh leis an Impireacht dá bharr agus go rithfeadh parlaimint na hÉireann dlíthe le cosc a chur ar dhíol earraí na Breataine in Éirinn.

Ba mhó arís a bhí Protastúnaigh Uladh ag doicheall roimh Rialtas Dúchais. Bhí siad buartha go mbeadh an lámh in uachtar ag Caitlicigh ann agus go n-ionsódh siad creideamh na bProtastúnach – Is ionann Rialtas Dúchais agus Riail na Róimhe, a mhaígh siad. Bhí imní orthu fosta go ndéanfaí dochar do thionscail an línéadaigh agus na longthógála dá mbrisfí an nasc le Sasana. Mar bharr ar an donas dar leo, ní raibh muinín acu as cumas na gCaitliceach, an tromlach sa tír, Éire a rialú i gceart.

BÍ GNÍOMHACH 5

a Amharc ar an léaráid ar leathanach 68. Cé acu den bheirt seo is dóchúla:
- ar mhaith leis fanacht sa Ríocht Aontaithe?
- ar mhaith leis Rialtas Dúchais?
- a chreidfeadh go scriosfadh Rialtas Dúchais Ulaidh?
- a bheadh ina bhall de Chonradh na Gaeilge?
- a bheadh ag máirseáil le Cath na Bóinne a cheiliúradh?
- a mbeadh fearg air as an Ghorta Mór?

b Déan liosta de na cúiseanna uilig a raibh Aontachtaithe agus Coimeádaigh i gcoinne Rialtas Dúchais.

Seán Réamann
- Ceannaire Pháirtí Parlaiminteach na hÉireann a thacaigh le Rialtas Dúchais d'Éirinn.
- Ba Chaitlicigh a lucht tacaíochta den chuid ba mhó.
- Bhí 82 ball de Pháirtí Parlaiminteach na hÉireann ina bhfeisirí in Westminster sa bhliain 1910.

Edward Carson
- Ceannaire na nAontachtaithe.
- Thacaigh an tOrd Oráisteach i gCúige Uladh agus an Páirtí Coimeádach sa Bhreatain leis.
- Faoin cheannasaíocht aige, cuireadh ord is eagar ar lucht an fhreasúra agus d'éirigh siad cumhachtach.

4 Bagairt armtha in Ulaidh, 1912–1914

FOINSE 1

Béal Feirste faoi Rialtas Dúchais – cárta poist ag craobhscaoileadh bolscaireachta i gcoinne Rialtas Dúchais. Taispeántar Halla na Cathrach i mBéal Feirste dá mbeadh Caitlicigh na hÉireann i gceannas ar an rialtas mar dhea.

Sa bhiain 1910, d'éirigh leis na Liobrálaithe sa toghchán ach bhí tacaíocht de dhíth orthu ó Sheán Réamann agus Páirtí Parlaiminteach na hÉireann leis na billí leasaithe acu a rith. Mar chúiteamh, d'éiligh Seán Réamann go dtabharfaí an Tríú Bille um Rialtas Dúchais isteach, rud a tharla sa bhliain 1912. Chlis air i dTeach na dTiarnaí arís, ach bhí na Liobrálaithe i ndiaidh dlí a rith a d'fhág nach bhféadfadh Teach na dTiarnaí ach moill dhá bhliain a chur ar bhille ar bith agus nach dtiocfadh leo é a stopadh.

Sa mhoill dhá bhliain, áfach, chuaigh na hAontachtaithe i mbun gnímh le Rialtas Dúchais a chosc. Sa chéad dul síos, shínigh leathmhilliún Protastúnach, idir fhir agus mhná (chóir a bheith gach Protastúnach fásta i gCúige Uladh) 'Conradh agus Cúnant Sollúnta' inar gheall siad 'gach modh riachtanach a úsáid leis an suíomh ansa againn mar chomhshaoránaigh sa Ríocht Aontaithe' a chosaint.

FOINSE 2

Ar Lá Uladh, 28 Meán Fómhair 1912, chruinnigh Sir Edward Carson agus slua ollmhór d'Aontachtaithe Uladh leis an chúnant a shíniú.

Rún daingean na nAontachtaithe Rialtas Dúchais a chosc

Bunaíodh an UVF i mí Eanáir 1913. Bhí sé de rún ag an eagraíocht Rialtas Dúchais a chosc, le foréigean dá mba ghá. Liostáil céad míle fear gan mhoill agus faoi Aibreán na bliana 1914 bhí 25,000 gunna agus milliún piléar acu a thug siad isteach trí chalafort Latharna ón Ghearmáin. Rinne na póilíní neamhaird den eachtra agus chuir sé sin leis an teannas in Ulaidh idir Náisiúnaithe agus Aontachtaithe. Imeachtaí tábhachtacha a bhí iontu seo. Léirigh siad rún daingean an UVF cosc a chur ar chur i bhfeidhm an Tríú Bille Rialtas Dúchais ar Ulaidh ag na Liobrálaithe.

Mar fhreagairt ar bhunú an UVF, bhunaigh Náisiúnaithe Óglaigh na hÉireann i mí na Samhna 1913. Thug siad féin gunnaí isteach sa tír trí chalafort Bhinn Éadair, gar do Bhaile Átha Cliath, sa bhliain 1914.

Chuaigh cúrsaí i ndonas don rialtas Liobrálach i mí an Mhárta 1914 nuair a mhaígh oifigigh in arm na Breataine ag beairicí an Churraigh, tamall beag ó Bhaile Átha Cliath, go ndiúltódh siad troid a dhéanamh i gcoinne na nAontachtaithe i gCúige Uladh.

Thug an rialtas iarracht ar idirbheartaíocht a dhéanamh. Reáchtáil an rí George V comhdháil idir 21–24 Iúil, 1914, ag Pálás Buckingham agus é de rún aige áitiú ar Aontachtaithe glacadh le 'heisiamh' – go bhfágfaí na ceithre chontae i gCúige Uladh a raibh tromlach Aontachtaithe iontu ar lár as comhaontú an Rialtais Dúchais. D'éiligh Edward Carson go mbeadh sé chontae i gCúige Uladh san áireamh, agus theip ar an chomhdháil.

Bhí cuma cogadh cathartha ag teacht ar an scéal ach ina áit sin thosaigh an Chéad Chogadh Domhanda ar 4 Lúnasa, 1914. Chuir na Liobrálaithe seoladh Rialtas Dúchais ar fionraí.

BÍ GNÍOMHACH 6

a Cad é a chuireann Foinse 1 in iúl duit faoi ábhar buartha na nAontachtaithe dá n-éireodh le hiarrachtaí Rialtas Dúchais a thabhairt isteach?

b Cad é a léiríonn Foinse 2 faoi dhoicheall na nAontachtaithe roimh Rialtas Dúchais sa bhliain 1912?

c Déan an léaráid ar dheis a chóipeáil agus a chomhlánú trí roinnt sonraí faoi gach ceann de na ceannlínte a chur isteach. Bain úsáid as an fhaisnéis ar leathanaigh 70–71 le cuidiú leat.

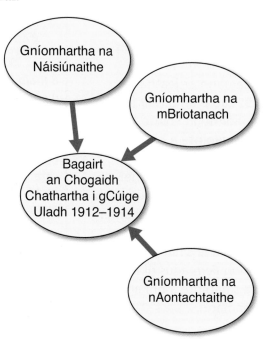

FOINSE 1

Ní raibh an grúpa nua seo de Náisiúnaithe Éireannacha díograiseacha sásta a thuilleadh le Rialtas Dúchais. Ba mhaith leo scaradh iomlán leis an Bhreatain. Níor mhaith leo aon bhaint acu ach oiread le hImpireacht na Breataine. Ba mhaith leo Poblacht na hÉireann.

As téacsleabhar nua-aimseartha scoile (Ben Walsh, 2000).

5 Méadú sa Náisiúnachas armtha, 1905–1916

D'fhorbair lear mór daoine in Éirinn an féinaitheantas acu sna blianta ag deireadh an naoú haois déag agus ag tús an fichiú haois trí spéis a chur i dteanga na hÉireann, i stair na hÉireann agus i gcultúr na hÉireann. Sa phainéal thíos taispeántar eochairthosca a raibh tionchar acu ar fhás an Náisiúnachais antoiscigh sna blianta sin.

Bhunaigh Dubhghlas de hÍde, Protastúnach as Contae Ros Comáin, Conradh na Gaeilge sa bhliain 1893. Chuir Conradh na Gaeilge teanga agus cultúr na hÉireann chun cinn.

Bhí fir óga i gceannas ar Bhráithreachas Phoblacht na hÉireann i ndiaidh 1908 agus bhí siad meáite ar shaoirse na hÉireann a bhaint amach – mar shampla, bhí Pádraig Mac Piarais ina Stiúrthóir Eagraíochta ar an Ardchomhairle rúnda.

Bunaíodh Arm Cathartha na hÉireann sa bhliain 1912 i ndiaidh ionsaí a rinne na póilíní ar oibrithe iompair a bhí ar stailc. D'éirigh Séamas Ó Conghaile ina cheannaire air; chreid sé nach bhféadfaí oibrithe na hÉireann a chosaint ach amháin in Éirinn shaor.

Páirtí polaitíochta a bhí i Sinn Féin a bhunaigh Art Ó Gríofa, clódóir Náisiúnach, sa bhliain 1905. Mhaígh an páirtí go raibh Acht an Aontais neamhdhleathach, agus d'agair sé ar fheisirí Éireannacha baghcat a dhéanamh ar Pharlaimint Shasana agus neamhspleáchas a fhógairt.

Faoin bhliain 1914 bhí mórchuid na Náisiúnaithe measartha ag tacú go fóill le Seán Réamann ach bhí líon méadaitheach de Náisiúnaithe antoisceacha radacacha ann a bhí i mbun comhcheilge le héirí amach.

BÍ GNÍOMHACH 7

a Amharc ar an fhaisnéis a bhaineann le Seán Réamann ar leathanach 69. Cad é an difear idir na smaointe in Foinse 1 agus na smaointe a bhí ag Seán Réamann?

b Amharc ar an fhaisnéis sa phainéal ar an leathanach seo agus luaigh fáthanna a mbeadh Náisiúnaithe ag tacú le smaointe *Shinn Féin* agus ní leis na smaointe a bhí ag Réamann.

Éirí Amach na Cásca

Agus an Chéad Chogadh Domhanda faoi lánseol, shíl roinnt Náisiúnaithe Éireannacha gur 'deacracht Shasana deis na hÉireann' agus go mbuailfeadh siad buille, mar sin de, ar son na saoirse. In Earrach na bliana 1916 bheartaigh siad éirí amach i gcoinne rialtas na Breataine. Tharlódh an eachtra ag Cáisc na bliana 1916.

Bhí an plean acu mar seo a leanas. Aoine an Chéasta, 21 Aibreán, bhí Náisiúnaí darbh ainm Ruairí Mac Aismint le 20,000 gunna agus armlón ón Ghearmáin a thabhairt i dtír. Dháilfí na gunnaí agus an t-armlón ar na hÓglaigh agus d'éireodh siad amach ina dhiaidh sin. Tháinig Cabhlach na Breataine ar long na n-arm, áfach, agus gabhadh Ruairí Mac Aismint.

In a ainneoin sin, Luan Cásca, 24 Aibreán 1916, ghabh Mac Piarais, Ó Conghaile agus tuairim is míle Poblachtach, seilbh ar shuíomhanna tábhachtacha i mBaile Átha Cliath, agus shocraigh siad an ceanncheathrú acu in Ardoifig an Phoist. Ansin léigh Mac Piarais Forógra na Poblachta.

Tháinig siad aniar aduaidh ar Arm na Breataine agus thóg sé seachtain de ghéarchoimhlint sula bhfuair a naimhde an lámh in uachtar ar na Poblachtaigh. Maraíodh 64 duine ar thaobh na Poblachta. Mhaígh Arm na Breataine go raibh 68 saighdiúir caillte acu chomh maith le 368 gortaithe agus naonúr ar iarraidh. B'éigean don Phiarsach géilleadh ar 29 Aibreán.

Dearbhaímid gur ceart ceannasach dochloíte é ceart mhuintir na hÉireann chun seilbh na hÉireann ... Níor chealaigh an forlámhas a d'imir cine agus rialtas eachtrannach ar feadh i bhfad an ceart sin ... fógraímid leis seo Poblacht na hÉireann mar Stát Ceannasach Neamhspleách, agus cuirimid ár n-anam féin agus anam ár gcomrádaithe comhraic i ngeall lena saoirse agus lena leas agus lena móradh i measc na náisiún.

Forógra na Poblachta ag Pádraig Mac Piarais, 24 Aibreán 1916.

BÍ GNÍOMHACH 8

a Déan liosta de na dóigheanna uilig ar theip ar Éirí Amach na Cásca, agus de na dóigheanna uilig ar éirigh leis.

b Amharc ar Fhoinse 4. Cad é a chuireann in iúl duit go raibh bá ag an ealaíontóir leis na Náisiúnaithe?

c Abair gur chomhairleoir tú le Rialtas na Breataine sa bhliain 1920, cad é an chomhairle a thabharfá ar an dóigh leis an choimhlint in Éirinn a réiteach?

FOINSE 3

Foirgnimh i mBaile Átha Cliath a ndearna gunnaí móra na Breataine damáiste dóibh, 1916.

FOINSE 4

Pictiúr rómánsúil den radharc taobh istigh d'Ardoifig an Phoist. Tá Séamas Ó Conghaile ina luí gonta go holc ar shínteán agus Pádraig Mac Piarais in aice leis. Cad é a thugann tú faoi deara faoin dóigh a ndearnadh na haghaidheanna acu a phéinteáil? (Leid: amharc ar na grianghraif ar leathanach 72)

An bealach chuig an neamhspleáchas

Ní raibh Éirí Amach na Cásca ina chúis mholta ag an choitiantacht in Éirinn de dheasca léirscrios shráideanna Bhaile Átha Cliath agus chailleadh na bpost a tháinig ina dhiaidh. Caitheadh bruscar agus torthaí lofa leis an Phiarsach agus leis na ceannaircigh eile agus iad á dtabhairt ar shiúl i ndiaidh dóibh géilleadh.

D'athraigh dearcadh an phobail, áfach, mar gheall ar ghníomhartha an rialtais i ndiaidh an Éirí Amach. Gabhadh trí mhíle duine, daoradh ceithre scór agus deich gcinn acu chun báis agus rinneadh an bhreith sin a chomhlíonadh ar chúig cinn déag de na ceannairí. Nuair a cuireadh na daoine uilig sin chun báis, baineadh stangadh as lear mór de phobal na hÉireann agus thiontaigh siad i gcoinne Rialtas na Breataine. Rinne gníomhartha an rialtais mairtírigh de na ceannaircigh agus phlódaigh na sluaite isteach i *Sinn Féin*.

Bhí olltoghchán in Éirinn sa bhliain 1918. Díreach roimh an toghchán d'fhógair an rialtas go rabhthas chun fir na hÉireann a CHOINSCRÍOBH isteach san arm. Ní fhéadfaí am ba mheasa a roghnú. Bhuaigh Sinn Féin 73 suíochán as 105. Dhiúltaigh feisirí Shinn Féin glacadh leis na suíocháin acu i bParlaimint na Breataine, bhunaigh siad a bparlaimint féin – *Dáil Éireann* – i mBaile Átha Cliath agus rinne siad fógairt neamhspleáchais.

D'éirigh coimhlint ghéar go gairid ina dhiaidh sin idir Óglaigh na hÉireann, faoi cheannasaíocht Mhicheál Uí Choileáin, agus fórsaí slándála na Breataine i gCogadh na Saoirse, 1919–1921. Tharla eachtraí uafásacha ar gach taobh – mar shampla, ar 21 Samhain, 1920, mharaigh aonad de chuid ÓGLAIGH NA HÉIREANN, ar tugadh an 'Scuad' air, 14 spiaire a bhí ag obair ar son Arm na Breataine. Roinnt uaireanta an chloig ina dhiaidh sin mharaigh saighdiúirí de chuid Arm na Breataine 12 duine agus ghortaigh siad 60 ceann eile i bPáirc an Chrócaigh, Baile Átha Cliath, agus cluiche peile ar siúl. Tugadh Domhnach na Fola ar an lá sin.

Bhí an dá thaobh thíos leis an chogadh, agus rinneadh conradh a shíniú ar 11 Iúil, 1921.

Teitheann daoine roimh Arm na Breataine i mBaile Átha Cliath, 1921.

BÍ GNÍOMHACH 9

Cóipeáil agus comhlánaigh an mapa coincheap thíos. Cuir mionsonraí isteach i ngach ciorcal leis na fáthanna ar éirigh le *Sinn Féin* a thaispeáint. Cuir na pointí agat i gcomparáid leo siúd ag páirtí agus pléigí aon difríochtaí.

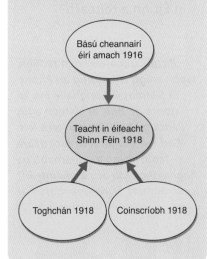

CAD CHUIGE A nDEARNA LLOYD GEORGE ÉIRE A CHRÍOCHDHEIGHILT?

Bhí ar Phríomh-Aire na Breataine, Lloyd George, anois réiteach inghlactha a fháil ar cheist na hÉireann.

Bhí Lloyd George báúil sa bheagán le Rialtas Dúchais ach ní raibh sé i bhfách le neamhspleáchas agus chuir sé na Dúchrónaigh go hÉirinn le hÓglaigh na hÉireann a threascairt. Ag an am céanna, d'aithin sé nach bhféadfadh sé Rialtas Dúchais a bhrú ar na hAontachtaithe. Bhí a fhios aige gur mhaith le *Sinn Féin* saoirse iomlán ó riail na Breataine. D'aithin sé fosta nach bhféadfadh sé bua a bhreith ar Óglaigh na hÉireann sa chogadh. Bhí fadhbanna eile ag Lloyd George chomh maith le ceist na hÉireann, amhail cúinsí sa Bhreatain féin agus san Eoraip i ndiaidh an Chogaidh Mhóir.

Sa bhliain 1920, agus an cogadh le hÓglaigh na hÉireann faoi lánseol, rith Lloyd George an tAcht um Rialú na hÉireann, a rinne Éire a chríochdheighilt. Faoin acht seo, cuireadh stát ó thuaidh, darbh ainm Tuaisceart Éireann, ar bun le parlaimint dá chuid féin i mBéal Feirste. Bheadh stát darbh ainm Saorstát Éireann sa chuid eile den tír a mbeadh parlaimint dá chuid féin fosta aige i mBaile Átha Cliath, ach bheadh an t-arm agus an cabhlach faoi réimeas na Breataine go fóill.

Rinneadh dlí den acht seo i mí na Nollag 1920 agus chomhaontaigh an *Dáil* leis ar 6 Nollaig, 1921. Tháinig Lloyd George ar chomhaontú a chuir deireadh leis an fhoréigean agus a shábháil beatha go leor daoine. Cé gur chuir sé deireadh leis an fhoréigean sa ghearrthréimhse bhí fadhbanna leis a chuir leis an choimhlint i dTuaisceart Éireann ina dhiaidh sin, a fhiosrófar i gCaibidil 6.

ROGHANNA LLOYD GEORGE

Rogha 1: Gan faic a dhéanamh

Rogha 2: Dlí a dhéanamh den tríú bille um Rialtas Dúchais

Rogha 3: Neamhspleáchas iomlán a thabhairt d'Éirinn

?

Cad é ba chóir do Lloyd George a dhéanamh?

BÍ GNÍOMHACH 10

a Cóipeáil an léaráid thuas. Amharc ar gach ceann de na roghanna ar a sheal agus déan liosta de na buntáistí agus na míbhuntáistí as gach ceann acu.

b Mínigh an fáth, dar leat, ar roghnaigh Lloyd George críochdheighilt mar an réiteach ab fhearr in Éirinn sa bhliain 1921.

Pleanáil, Déanamh, Athbhreithniú

Bhí cúiseanna na críochdheighilte in Éirinn á bhfiosrú agat. Caithfidh tú anois do mhíniú féin ar na cúiseanna a scríobh. Beidh trí chéim leis an tasc seo agus sa chéim dheireanach bainfidh tú úsáid as fráma scríbhneoireachta a chuideoidh leat do chuid smaointe a eagrú.

PLEANÁIL

Sa chaibidil seo maíodh go raibh CÚIG cinn de bhunchúiseanna le críochdheighilt.

Bí ag obair le páirtí leis na cúiseanna seo a bhreathnú. Téigí tríd an chaibidil le chéile arís agus déanaigí cinnte de go dtuigeann sibh cad é a chiallaíonn gach cúis sa léaráid thíos:

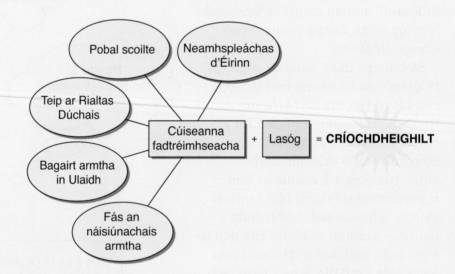

Amharc ar na cúiseanna – an dtig leat samplaí de thosca polaitiúla, eacnamaíocha, cultúrtha, agus reiligiúnacha, a mbeadh easaontú dá ndeasca a aithint?

DÉANAMH

Céim 1

● Ag obair i bpéirí daoibh, glacaigí gach ceann de na cúiseanna agus mínígí an FÁTH ar chúis le críochdheighilt í. Tá an chéad cheann déanta:

> Cúis 1 – Neamhspleáchas d'Éirinn
> Chuidigh sé seo le críochdheighilt a thabhairt ar an saol cionn is go raibh muintir na hÉireann scoilte go polaitiúil idir na daoine ar mhaith leo deireadh le ríail na Breataine agus na daoine ar mhaith leo ríail na Breataine a choinneáil.

Anois, déanaigí an rud céanna do na ceithre chúis eile.

- Eagraígí na cúig chúis in ord tábhachta. Pléigí na smaointe agaibh le daoine eile sa rang. Cad é a thugann tú faoi deara faoi na roghanna a rinne daoine éagsúla sa rang? An bhfuil siad éagsúil nó cosúil leis na roghanna agat féin? Anois, déan cinneadh deiridh ar an ord ba chóir, dar leat, a rachadh ar na cúiseanna, de réir an bhaint a bhí acu le críochdheighilt sa bhliain 1921.

> Cúis fhadtréimhseach 1
> - Fáth amháin a ndearnadh Éire a chríochdheighilt sa bhliain 1921 ab ea ...
> - ... (Luaigh roinnt fírící)
> - Tharla críochdheighilt mar gheall air seo cionn is ...

Céim 2

- Is eachtra 'lasóige' í eachtra a tharlaíonn díreach roimh eachtra mhór. B'fhéidir go raibh teannas ann le tamall roimhe sin, ach is ionann an eachtra seo agus an lasóg sa bharrach maidir le himeachtaí ina dhiaidh.

> 'Lasóg'
> - Is í an lasóg sa bharrach a raibh críochdheighilt dá deasca ...
> - [Luaigh roinnt fírící]
> - Tharla críochdheighilt dá deasca seo cionn is ...

- Amharc siar ar leathanaigh 73–74. An bhfuil eachtraí ar bith ann a gcuirfeá síos orthu mar lasóga sa bharrach? Arís eile, pléigh do chuid smaointe le daoine eile sa rang roimh chinneadh deiridh a dhéanamh.

> Tátal
> - Ba í an chúis ba thábhachtaí le críochdheighilt ...
> - Creidim é seo cionn is ...

ATHBHREITHNIÚ

1 Freagair na ceisteanna thíos le 'thar a bheith', 'iontach', 'measartha', 'nialas'.
   - Cá thábhachtaí atá sé go bhfoghlaimíonn mic léinn Éireannacha an t-ábhar seo?
   - Cá spéisiúla a bhí an t-ábhar seo, dar leat?
   - Cá húsáidí a bhí an fráma scríbhneoireachta agus d'aiste á scríobh agat?
2 Ar deireadh, pléigh do chuid freagraí le grúpa beag de dhaltaí eile.

6 Cad iad iarmhairtí na críochdheighilt ar Thuaisceart Éireann?

Sa chaibidil seo beimid ag foghlaim an dóigh:

✓ le himeachtaí agus athruithe stairiúla casta a fhiosrú agus a nascadh;

✓ ar thosaigh na Trioblóidí i dTuaisceart Éireann a thuiscint;

✓ a dtéann iarmhairtí na críochdheighilte i bhfeidhm ar Thuaisceart Éireann inniu;

✓ le léiriú amhairc a úsáid leis an fhoghlaim agat a léiriú.

BÍ GNÍOMHACH 1

a Le páirtí, amharc ar na pictiúir uilig ar an leathanach seo. Scríobh CEITHRE thoradh phraiticiúla na críochdheighilte is féidir leat a fheiceáil. Cad iad na cinn a bhfuil éifeacht go fóill acu inniu?

b An dtig leat smaoineamh ar athruithe eile a thabharfá faoi deara agus tú ag taisteal ar an taobh thall den teorainn? (Smaoinigh ar: cad é a tharlaíonn don ghuthán póca/ airgead/teanga agat.)

ÉIRE SCOILTE

Agus tú ag obair tríd an chaibidil seo, tuigfidh tú éifeachtaí nó iarmhairtí na críochdheighilte ar Éirinn agus an dóigh a dtéann roinnt acu i bhfeidhm ar an saol againn inniu.

Tá roinnt iarmhairtí na críochdheighilte le feiceáil sna pictiúir ar an leathanach seo. Sa chaibidil seo, aithneoidh tú go raibh éifeacht shuntasach mharthanach ag críochdheighilt ar shaol mhuintir na tíre.

Téarmaí an Chonartha Angla-Éireannaigh

Maidir le hÉirinn de:

- bhí an t-ainm 'Saorstát Éireann' uirthi;
- bhí sí á rialú féin agus bhí a parlaimint féin aici;
- bhí sí mar chuid d'Impireacht na Breataine fós;
- bhí trí chalafort faoi riail na Breataine fós;
- bhí ar a Teachtaí Dála mionn dílseachta don choróin a thabhairt;
- bhí uirthi ceadú do Thuaisceart Éireann fanacht as an Saorstát.

BÍ GNÍOMHACH 2

a Le páirtí, léigh téarmaí an Chonartha Angla-Éireannaigh. Roghnaigh duine agaibh focail ón liosta thíos a mbainfeadh tacaithe an Chonartha úsáid astu le cuir síos ar an dóigh ar mhothaigh siad faoin Chonradh. Roghnaigh an duine eile focail a mbainfeadh naimhde an Chonartha úsáid astu. Cuir na freagraí i gcomparáid lena chéile agus mínigh iad.

díomách, díolta amach, dóchasach, eaglach, feargach, míshásta, meáite, réadúil, faoi bhagairt, tréigthe.

b Léiríonn an amlíne thíos na príomhimeachtaí sa dá stát in Éirinn i ndiaidh na críochdheighilte. Cuir imeachtaí sa tuaisceart agus sa deisceart a fhad le 1998 i gcomparáid agus i gcodarsnacht lena chéile. Cad iad na cosúlachtaí agus na difríochtaí?

Sa deisceart ...		Sa tuaisceart ...
	1921	Foréigean seicteach i dTuaisceart Éireann.
Cogadh Cathartha in Éirinn. 1922–23	1922	Bhí na hAontachtaithe i gceannas ar an rialtas.
Bhí BUNREACHT nua ag Éirinn a mhaígh go raibh Tuaisceart Éireann ina chuid den tír. 1937		
Bhí feachtas nua foréigin ag an IRA i gcoinne na Breataine. 1939		
D'fhan Saorstát Éireann neodrach sa Dara Cogadh Domhanda. 1939–45	1939–45	Chuaigh Tuaisceart Éireann sa Dara Cogadh Domhanda mar chuid den Ríocht Aontaithe.
Tháirg an Bhreatain deireadh le críochdheighilt mar chúiteamh ar thacaíocht sa Dara Cogadh Domhanda. 1940		
	1944–48	Tugadh an Stát Leasa isteach i dTuaisceart Éireann.
Cruthaíodh Poblacht na hÉireann. 1949		
	1950í	Níor éirigh le feachtas an IRA i gcoinne na críochdheighilte tacaíocht a mhealladh ó Chaitlicigh an Tuaiscirt.
	1960í	Thosaigh na 'Trioblóidí' i dTuaisceart Éireann a mhair 30 bliain.
	1970í	Bhí riail dhíreach ó Westminister i réim i dTuaisceart Éireann.
Tháinig feabhas ar chaidreamh idir an Phoblacht agus rialtas na nAontachtaithe ó thuaidh. 1960–90	1980í	Theip ar iarrachtaí cumhachtroinnt a thabhairt isteach agus ar bhearta eile i dtreo na síochána i dTuaisceart Éireann.

COMHAONTÚ AOINE AN CHÉASTA: **1998**

- chuir sé Tionól Thuaisceart Éireann ar bun ina raibh cumhachtroinnt (a chuir deireadh le riail dhíreach);
- chuir sé Comhairle Aireachta Thuaidh/Theas ar bun le comhoibriú trasteorann a éascú;
- thug sé aitheantas do Chomhdháil Idir-Rialtasach na Breataine-na hÉireann.
- chuir sé Comhairle na Breataine–na hÉireann ar bun le cúrsaí amhail sláinte, turasóireacht agus iompar a phlé;
- chuir sé éileamh stairiúil na hÉireann ar Thuaisceart Éireann ar ceal;
- thug sé aitheantas do cheart mhuintir Thuaisceart Éireann iad féin a shainaithint mar Éireannaigh, mar Bhriotanaigh nó mar an dá rud, agus go gcaithfí leo ar an bhonn sin.

FOINSE 1

Abair go nglacfar leis an Chonradh, rachaidh an troid ar son saoirse ar aghaidh, agus in áit saighdiúirí eachtrannacha a throid, beidh muintir na hÉireann ag troid i gcoinne saighdiúirí Éireannacha de chuid rialtas Éireannach, rialtas a chuir Éireannaigh ar bun.

Óráid a rinne Éamon De Valera, ceannaire ar an IRA Frith-Chonartha, mí an Mhárta 1922.

FOINSE 2

Micheál Ó Coileáin, ceannaire Fhórsaí an tSaorstáit 1922–23

IARMHAIRTÍ LÁITHREACHA NA CRÍOCHDHEIGHILTE

Cogadh Cathartha sa Saorstát

I ndiaidh chríochdheighilt na hÉireann sa bhliain 1921 bhí cogadh cathartha sa Saorstát idir mí Eanáir 1922 agus mí na Bealtaine 1923. Bhí arm an tSaorstáit, a cuireadh ar bun faoin Chonradh Angla-Éireannach, ar thaobh amháin, agus Poblachtaigh, cuid mhór acu san IRA, a bhí i gcoinne an Chonartha ar an taobh eile. Sa chéad roinnt míonna rinne an IRA ionsaithe ar bheairicí na bpóilíní le hairm agus armlóin a ghabháil, agus lean an troid sna bailte beaga agus móra. Nuair a bhain tacaithe an Chonartha i *Sinn Féin* an toghchán i mí an Mheithimh na bliana 1922, tháinig méadú ar an choimhlint agus tharla TREALLCHOGAÍOCHT iomlán idir an dá thaobh a mhair ocht mí.

Foréigean seicteach sa Tuaisceart

Sa tuaisceart bhí an saol go hiomlán éagsúil leis sin sa deisceart. Faoi Chonradh 1921, bhí Tuaisceart Éireann go fóill sa Ríocht Aontaithe. Bhí na chéad toghcháin i dTuaisceart Éireann i mí na Bealtaine 1921. Bhuaigh na hAontachtaithe 40 suíochán as 52 agus bhí James Craig ina Phríomh-Aire. D'oscail Rí George V an chéad pharlaimint i dTuaisceart Éireann i Halla na Cathrach i mBéal Feirste i mí an Mheithimh 1921.

Rinne an IRA ionsaí fíochmhar ar rialtas nua na nAontachtaithe agus rith an rialtas sin Acht na gCumhachtaí Speisialta dá dheasca, a chuir ar a gcumas do na póilíní daoine a raibh amhras fúthu a ghabháil agus a chur i bpríosún gan triail ('IMTHEORANNÚ').

Bhí cuid mhór foréigin sna blianta 1920–22. Mharaigh an IRA feirmeoirí Protastúnacha ar an teorainn, agus bhí tuairiscí ón deisceart, go raibh ar Phrotastúnaigh teitheadh óna gcuid tithe ann, a chuir leis an teannas idir an dá phobal ó thuaidh. Bhí círéibeacha seicteacha ann dá dheasca inar maraíodh tuairim is 500 duine (Caitlicigh, Protastúnaigh agus póilíní ina measc), chaill na mílte Caitliceach a gcuid post agus scriosadh líon tithe agus gnólachtaí ar le Caitlicigh iad.

FOINSE 3

Sa ghrianghraf taispeántar traein a rinne an IRA a phléascadh gar don Iúr, Contae an Dúin, sa bhliain 1921. Mhair feachtas an IRA i dTuaisceart Éireann i rith na 1920í ar fad.

B-SPEISIALTAIGH, ar Chonstáblacht Phrotastúnach Speisialta iad a cuireadh ar bun le tacaíocht a thabhairt don stát ó thuaidh.

BÍ GNÍOMHACH 3

a Déan liosta de na dóigheanna a raibh difríochtaí ó thuaidh agus ó dheas maidir leis an troid ar an Chonradh.

b Cad iad gníomhartha rialtas na nAontachtaithe leis an stát a chosaint sna 1920í?

c Cad é a chuireann Foinse 3 in iúl duit faoi dhearcadh an IRA maidir le críochdheighilt de? Cad é a dhéanfadh rialtas na nAontachtaithe dá leanfadh feachtas an IRA i ndiaidh 1921 dar leat?

Ba é James Craig an chéad Phríomh-Aire ar Thuaisceart Éireann ó 1921–1940. Chuidigh sé le diúltú na nAontachtaithe don Rialtas Dúchais roimh 1914 a eagrú agus d'éirigh sé ina cheannaire ar Pháirtí na nAontachtaithe sa bhliain 1921. Rinne sé an ráiteas thíos i mí Aibreáin 1934 mar fhreagra ar mhaíomh De Valera, ceannaire an tSaorstáit, gur náisiún Caitliceach a bhí in Éirinn. 'Is Oráisteach mé ar dtús agus polaiteoir agus ball den pharlaimint seo ina dhiaidh sin. Maím gur parlaimint Phrotastúnach agus stát Protastúnach muid.'

IMEACHTAÍ I DTUAISCEART ÉIREANN 1920–1960í

Sa chuid seo amharcfaidh tú ar imeachtaí i dtaca le meon Aontachtach agus le meon Náisiúnach de agus bainfidh tú úsáid as foinsí le léargas a fháil ar na fáthanna ar éirigh eagla agus mímhuinín idir an dá dhream.

Níor thacaigh na daoine uilig i dTuaisceart Éireann leis an rialtas Aontachtach. Ba Chaitliceach duine as gach triúr sa tuaisceart agus bhí siad anois ina mionlach i dTuaisceart Éireann. Mhothaigh siad go raibh siad scoite ón chuid eile den phobal Náisiúnach sa Saorstát agus go raibh rún daingean ag na hAontachtaithe iad a choinneáil amach as an rialtas. Bhí 40 suíochán ag Aontachtaithe sa rialtas nua agus ní raibh ach 12 shuíochán ag Náisiúnaithe. Fuair an rialtas an lámh in uachtar ar na comhairlí áitiúla idir 1922 agus 1924 nuair a rinne sé teorainneacha a atarraingt do na toghcháin. Tugadh claonroinnt ar a leithéid. Chiallaigh sé go bhféadfadh Aontachtaithe a bheith i gceannas ar chomhairlí fiú nuair a bhí móramh ollmhór ag Náisiúnaithe sa cheantar, cosúil le Doire Cholm Cille. Dhiúltaigh Náisiúnaithe glacadh lena gcuid suíochán ná aon bhaint a bheith acu leis an rialtas go dtí 1926.

Tugadh claonroinnt ar ionramháil teorainneacha toghcheantar sa dóigh go mbeadh Aontachtaithe i gceannas ar chomhairlí cathrach. Léiríonn an léaráid seo sampla den chlaonroinnt seo i nDoire Cholm Cille, áit a raibh móramh mór ag Náisiúnaithe ach brúdh isteach i limistéar vótála iad ar tugadh an Barda Theas air. Bhí 12 chomhairleoir ag 9,000 vótálaí Protastúnach sa dá Bharda eile agus gan ach 8 gcomhairleoir ag 14,000 Caitliceach.

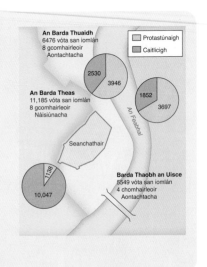

Bhí an pobal scoilte maidir le cúrsaí oideachais de fosta, cionn is go ndeachaigh Caitlicigh agus Protastúnaigh chuig scoileanna éagsúla. Bhí a gcuid eaglaisí féin acu agus go minic níor oibrigh siad sna háiteanna céanna fiú.

Sna 1930í bhí saol crua ag an dá phobal mar gheall ar dhífhostaíocht a bhain leis an Spealadh Mór. Tuaisceart Éireann ba mhó a bhí thíos leis an bhochtanas sa RA le linn na tréimhse sin agus faoin bhliain 1932 bhí agóidí ar siúl ag oibrithe, beag beann ar chúrsaí creidimh, ar son ardú pá agus feabhsú sna coinníollacha oibre.

FOINSE 3

1937	Thug De Valera bunreacht nua ar an saol sa Saorstát. Mhaígh an bhunreacht go raibh Tuaisceart Éireann ina dhlúthchuid de thír na hÉireann, go mbeadh Uachtarán mar cheann stáit seachas Rí Shasana, agus go mbeadh áit speisialta ag an Eaglais Chaitliceach ann.
1939	D'fhan Saorstát Éireann neodrach sa Dara Cogadh Domhanda, agus thosaigh an IRA feachtas nua i Sasana.
1941	Chuir an Saorstát innill dóiteáin trasna na teorann go Béal Feirste le cuidiú a thabhairt sa léirscrios a d'fhág buamadóirí na Gearmáine ina ndiaidh.
1949	D'fhógair Éire gur phoblacht í.
1956–62	Theip ar fheachtas IRA de dheasca easpa tacaíochta.

D'éirigh De Valera ina cheannaire ar an Saorstát sa bhliain 1937. Thug sé bunreacht nua ar an saol in Éirinn.

Nuair a thosaigh an Dara Cogadh Domhanda sa bhliain 1939, bhí Tuaisceart Éireann páirteach ann mar chuid den RA agus throid 40,000 fear ó Thuaisceart Éireann i gcoinne na Gearmáine. Thóg longchlós Harland and Wolff corradh is 3,000 long le linn an chogaidh. Rinne buamadóirí na Gearmáine ionsaithe ar Bhéal Feirste sa bhliain 1941 a d'fhág tuilleadh is 700 duine marbh. Tugadh 'Blitz' Bhéal Feirste ar na heachtraí. I ndiaidh an chogaidh, idir 1945 agus 1950, chuir rialtas na Breataine an Stát Leasa ar bun. Bhí oideachas dara leibhéal agus Seirbhís Náisiúnta Sláinte ar fáil saor in aisce dá bharr. Bhí an Stát Leasa seo ar fáil i dTuaisceart Éireann fosta agus bhí athruithe móra sa chúram sláinte, sna seirbhísí sóisialta agus san oideachas mar gheall air. Cuireadh Iontaobhas Tithíochta ar bun sa bhliain 1950 le 100,000 teach nua a thógáil.

Bhí scéimeanna sochar dífhostaíochta agus pinsin ann faoin bhliain 1950. Bhí rathúnas i dTuaisceart Éireann de thoradh na leasuithe seo agus bhain an dá phobal buntáiste astu. Thosaigh an IRA feachtas nua foréigin sa bhliain 1956 agus rinne sé ionsaithe ar thargaidí póilíneachta agus míleata ar an teorainn. Cuireadh imthreorannú gan triail i bhfeidhm arís dá dheasca. Ní raibh mórán tacaíochta i measc an phobail don fheachtas mar gheall ar an rathúnas a tháinig leis an Stát Leasa agus cuireadh deireadh leis sa bhliain 1962.

BÍ GNÍOMHACH 4

Bí ag obair le páirtí le dhá 'ghraf bheo' a dhéanamh do dhaoine i dTuaisceart Éireann idir na 1920í agus na 1960í.

a Amharc siar ar an fhaisnéis ar leathanaigh 80–83 agus déan liosta de na himeachtaí. D'fhéadfá na himeachtaí a rangú ina mór-théamaí amhail droch-chaidreamh, scoilteanna, geilleagar, rialtas, srl.

b Anois, amharc ar na himeachtaí le meon Aontachtach, agus breac sonas nó donas ar an ghraf dá réir. Ceangail na pointí le 'graf beo' a dhéanamh.

c Déan an rud céanna arís, ag amharc ar imeachtaí anois le meon Náisiúnach.

d Ar deireadh, bain úsáid as an fhaisnéis uilig ar leathanaigh 80–83 le paragraf a scríobh ar an DÓIGH a raibh críochdheighilt ina cnámh spairne idir an dá phobal i dTuaisceart Éireann.

STÁT AMHÁIN ACH POBAL SCOILTE

Sa chuid seo amharcfaimid ar na scoilteanna idir Náisiúnaithe agus Aontachtaithe i bpobal Thuaisceart Éireann.

Cé go raibh a dhá oiread meánscoileanna ann faoi na 1960í bhí an córas oideachais SCARTHA go fóill agus níor casadh Caitlicigh agus Protastúnaigh ar a chéile ón taobh sin de go raibh siad sna hollscoileanna nó sna coláistí tríú leibhéal. Níor imir páistí scoile na spóirt chéanna agus níor bhuail siad lena chéile go sóisialta ach go hannamh. Bhí an lucht oibre scartha go minic fosta sna hionaid oibre. Daoine a raibh cónaí orthu i mbailte móra agus beaga ar Chaitlicigh nó Phrotastúnaigh iad mórchuid an daonra, d'fhéadfadh siad dul chun na hoibre, a bheith beo agus labhairt le daoine eile den chreideamh chéanna leo féin amháin i dtólamh.

Faoi lár na 1960í bhí líomhaintí leithcheala á ndéanamh ag Caitlicigh an Tuaiscirt i gcoinne rialtas na nAontachtaithe, go háirithe maidir le dáileadh tithe agus post. B'annamh Caitliceach sna poist ab airde sa státseirbhís nó sa rialtas. Níor dáileadh tithe ar bhonn cothromaíochta ach oiread, agus Caitlicigh ba mhó a bhí thíos leis.

Cé go raibh feabhas mór sa chaighdeán maireachtála sna 1950í malla agus sna 1960í luatha, bhí an geilleagar i gcruachás. Sa bhliain 1966 druideadh an mhonarcha rópaí i mBéal Feirste agus ag an am céanna dhruid Harland and Wolff, an fostóir ba mhó i dTuaisceart Éireann, roinnt longchlós. Bhí ardú ollmhór sa ráta dífhostaíochta dá dheasca cionn is gur oibrigh an oiread sin daoine istigh iontu. Chuaigh na fadhbanna eacnamaíochta seo i bhfeidhm ar Chaitlicigh agus ar Phrotastúnaigh mar léiríonn figiúirí don tréimhse go raibh an ráta dífhostaíochta ab airde i dTuaisceart Éireann ná in aon áit eile sa RA.

Ag deireadh na 1960í dhírigh mórchuid na n-agóidí maidir le tithíocht de ar Chaitlicigh ach bhí teaghlaigh Phrotastúnacha fosta thíos le plódú i ndrochthithíocht. Ainneoin feabhsuithe sa líon tithe a tógadh faoin Stát Leasa sa bhliain 1945, ba i dTuaisceart Éireann a bhí cuid de na slumaí ba mheasa san Eoraip ag an am.

BÍ GNÍOMHACH 5

Bain úsáid as na foinsí agus as an fhaisnéis ar leathanaigh 82–83.

a Déan liosta de na dóigheanna a raibh an dá phobal i dTuaisceart Éireann scoilte óna chéile.

b Amharc ar Fhoinsí 2 agus 4. Cad iad na cosúlachtaí agus na difríochtaí eatarthu?

c Amharc ar Fhoinsí 1 agus 3. Cad é a léiríonn siad faoi na dálaí maireachtála a bhí ag roinnt Caitliceach agus Protastúnach?

d Is dán é bithdhán a bhaineann le mothúcháin duine ar ábhar áirithe.

Cruthaigh dhá bhithdhán ar éifeachtaí na críochdheighilte ar i) Náisiúnaí agus ii) Aontachtaí. Bain úsáid as na túis abairte thíos le cuidiú leat

- Is é m'ainm …
- Tá cónaí orm i …
- Mothaím go …
- Is é atá de dhíth orm …
- Is é is mian liom …
- Creidim …
- Ní labhraím le …
- Ba mhaith liom … a fheiceáil
- Níl muinín agam as …
- Is iad na mothúcháin agam ar chríochdheighilt …

Ba é Harland and Wolff an fostóir ba mhó i dTuaisceart Éireann go dtí 1966 nuair a dhruid sé roinnt longchlós.

FOINSE 1

Tithíocht sluma i gceantar Protastúnach i mBéal Feirste sna 1960í.

FOINSE 2

Sliocht as 'No Surrender' le R. Harbinson, Protastúnach, ag cur síos ar a óige i gceantar Protastúnach.

Chuir na scoileanna againn ina luí orainn arís agus arís eile scéal na bProtastúnach. Bhí an t-aineolas againn ar Chaitlicigh dochreidte. Bhí mé féin den bharúil, mar shampla, go raibh Caitlicigh i gcodanna de Bhéal Feirste, sa Saorstát agus sa Róimh féin amháin agus nach raibh siad le fáil aon áit ar bith eile.

FOINSE 3

Tithíocht sluma i nDoire Cholm Cille, ceantar Caitliceach, sna 1960í.

FOINSE 4

Sliocht as leabhar dar teideal The Price of My Soul le Bernadette Devlin (a raibh baint lárnach aici le heagraíocht radacach darb ainm DAONLATHAS AN PHOBAIL (PEOPLE'S DEMOCRACY)) ag cur síos ar an oideachas aici i scoil ghramadaí Chaitliceach sna 1960í.

D'fhoghlaim muid stair na hÉireann. D'fhoghlaim muid uilig na rudaí céanna, na himeachtaí céanna, an tréimhse chéanna ama, ach níorbh ionann na léirmhínithe.

CAD CHUIGE A RAIBH GLUAISEACHT CHEART SIBHIALTA ANN SA BHLIAIN 1967?

Tháinig grúpa daoine le chéile sa bhliain 1967 gur bhunaigh siad "Cumann Ceart Sibhialta Thuaisceart Éireann" (NICRA) le haithris a dhéanamh ar a mhacasamhail i Meiriceá ar éirigh leis na hagóidí síochánta acu i gcoinne éagora. Bhí idir Chaitlicigh agus Phrotastúnaigh san eagraíocht, mic léinn agus lucht na meánaicme ina measc, ar mhaith leo aird a dhíriú ar an riachtanas a bhí le leasú sóisialta i dTuaisceart Éireann. (Foghlaimeoidh tú tuilleadh faoi mhodhanna NICRA ar leathanach 88.)

Mar gheall ar an Stát Leasa a tháinig ar an saol sna 1940í bhí meánoideachas saor in aisce do gach duine agus bhí glúin nua de Chaitlicigh óga anois ann a raibh oideachas maith acu ar mhaith leo baint a bheith acu le saol na polaitíochta i dTuaisceart Éireann. Níor mhaith leo deireadh a chur le críochdheighilt ná stát Thuaisceart Éireann a threascairt. Bhí sé ar intinn acu an rialtas a leasú agus deireadh a chur le leithcheal. Thacaigh lear Protastúnach a bhí dall ar leithcheal roimhe sin leis an ghluaiseacht.

Bhí spéis mhéadaitheach ar fud na hEorpa sna 1960í malla, i measc mic léinn go háirithe, i gcúrsaí polaitiúla cosúil le Cogadh Vítneam. Bhí líon léirsithe móra síochánta ar na sráideanna mar sheift agóide i gcoinne beartais rialtais. Rinne mic léinn ar bhaill iad de NICRA a gcuid iarrachtaí féin agóidí a reáchtáil i dTuaisceart Éireann ach chuir an rialtas Aontachtach stop leo.

BÍ GNÍOMHACH 6

a Cad chuige ar bunaíodh gluaiseacht Cheart Sibhialta i dTuaisceart Éireann sa bhliain 1967?

b Bain úsáid as Foinse 1. Abair gur bhall tú den rialtas Aontachtach sa bhliain 1968, cad é a dhéanfá, dar leat, ag am bunaithe NICRA?

FOINSE 1

Múrmhaisiú i Sráid Rossville, Taobh an Bhogaigh, Doire Cholm Cille, a léiríonn mórshiúl luath Ceart Sibhialta. Rinne ealaíontóir áitiúil é sa bhliain 2004. Taispeánann na póstaeir ar an mhúrmhaisiú roinnt éileamh de chuid fheachtas na gCeart Sibhialta.

NA TRIOBLÓIDÍ I dTUAISCEART ÉIREANN

D'amharc tú ar imeachtaí agus ar athruithe i dTuaisceart Éireann sa 40 bliain i ndiaidh na críochdheighilte. Déanfaimid machnamh anois ar an dóigh ar thosaigh na Trioblóidí sa bhliain 1969 de dheasca cuid mhór de na himeachtaí seo. Sna foinsí 2–7 ar leathanaigh 87–9 tá na príomhchéimeanna a raibh foréigean i dTuaisceart Éireann arís mar thoradh orthu.

FOINSE 2

Teipeann ar O'Neill leasuithe a chur i bhfeidhm

Sa bhliain 1963 d'éirigh Terence O'Neill ina Phríomh-Aire ar Thuaisceart Éireann. Ní raibh an naimhdeas céanna aige le Caitlicigh a bhí ag ceannairí Aontachtacha roimhe sin, agus gheall sé go mbeadh leasuithe ann. Ba mhaith leis leasuithe a thabhairt isteach a dhéanfadh an stát a nua-aoisiú agus poist agus tionscal nua a chruthú. Bhí cairdeas idir é féin agus AN TAOISEACH Seán Lemass ach sa deireadh níor athraigh mórán mar gheall ar chuid leasuithe O'Neill. Bhí díomá ar Chaitlicigh cionn is go raibh dóchas acu go gcuirfeadh an rialtas aige deireadh le leithcheal.

BÍ GNÍOMHACH 7

Amharc ar Fhoinsí 2–7 ar leathanaigh 87–9
a Déan amlíne d'imeachtaí 1963–1969.
b Tá liosta de lasóga sa bharrach thíos a raibh baint acu le tosú an fhoréigin i dTuaisceart Éireann sa bhliain 1969. Mínigh an dóigh a mbeadh gach ceann acu freagrach as foréigean a thosú:
 • Mórshiúlta Ceart Sibhialta
 • Leasuithe O'Neill
 • Teacht Arm na Breataine
 • Athbheochan an IRA
c Cuir na ráitis as cuid b den ghníomhaíocht in ord tosaíochta leis an lasóg sa bharrach is mó tábhacht ag barr an liosta agus an ceann is lú tabhacht ag a bhun. Cosain do chuid roghanna. D'fhéadfá pirimid tosaíochtaí a úsáid.

FOINSE 3

Freagairt na bProtastúnach

Shíl Protastúnaigh, cosúil le Ian Paisley, go raibh leasuithe O'Neill iomarcach, agus mhaígh siad go raibh O'Neill 'bog i dtaca leis an Róimh de'. Rinneadh an UVF a atheagrú sa bhliain 1966, agus cuireadh ball de, Gusty Spence, sa phríosún as Caitliceach a mharú. Thacaigh DÍLSEOIRÍ agus Aontachtaithe eile a bhí i gcoinne cuid leasuithe O'Neill le Paisley.

Agóid Cheart Sibhialta, 1969

Rinne Cumann Ceart Sibhialta Thuaisceart Éireann (NICRA) aithris ar mhodhanna ghluaiseacht Cheart Sibhialta Martin Luther King i Meiriceá agus iad i mbun oibre le Cearta Sibhialta, agus le deireadh le leithcheal maidir le tithíocht agus poist de, a éileamh do Chaitlicigh.

Mórshiúlta Ceart Sibhialta, 1969

Thosaigh NICRA ar mhórshiúlta a eagrú le poiblíocht a ghnóthú don chúis aige. D'ionsaigh póilíní mórshiúl i nDoire Cholm Cille agus d'ionsaigh Protastúnaigh chomh maith le B-Speisialtaigh nach raibh ar dualgas mórshiúl de chuid People's Democracy ó Bhéal Feirste go Doire Cholm Cille, ar 1–4 Eanáir,(thuas) ag Droichead Bhun Tolaide.

FOINSE 6

Círéibeacha

Chreid Aontachtaithe agus póilíní go raibh baint ag lucht an IRA le mórshiúlta Ceart Sibhialta. Sa phictiúr, téann póilíní sa tóir ar óganaigh i mbun círéibe, mí Lúnasa 1969. Bhí círéibeacha tromchúiseacha ann ina dhiaidh, i mBéal Feirste agus i nDoire Cholm Cille go háirithe.

FOINSE 7

Arm na Breataine

Chuir rialtas na Breataine an t-arm isteach i mí Lúnasa 1969. Chuir an pobal Caitliceach fáilte roimhe i dtosach, ach bhí a mhalairt scéil ann go gairid ina dhiaidh sin de dheasca ruathar, cuirfiúnna agus gabhálacha a rinne saighdiúirí i gceantair Chaitliceacha. Ag an am céanna bhí lucht an IRA (Oifigiúil agus SEALADACH) á n-eagrú féin. Nuair a rinne póilíní cuardach ar cheantair Chaitliceacha ar orduithe James Chichester Clarke, an Príomh-Aire, d'ionsaigh lucht an IRA arm na Breataine agus an RUC. Mhair na Trioblóidí ar feadh 30 bliain ina dhiaidh.

AG BOGADH I dTREO NA SÍOCHÁNA

Sa chaibidil seo chonaic tú an dóigh ar bhain stair na hÉireann (agus stair Thuaisceart Éireann) san fhichiú haois le scoilteanna – an scoilt idir tuaisceart agus deisceart, an scoilt idir Protastúnach agus Caitliceach, Aontachtaí agus Náisiúnaí, agus an scoilt idir an Bhreatain agus Éire. Idir 1969 agus 2001 maraíodh os cionn 3,526 duine mar gheall ar fhoréigean i dTuaisceart Éireann, a dtugtar na Trioblóidí air. Tá a lán teaghlach thíos go fóill féin as siocair an uafáis. Chuir Comhaontú Aoine an Chéasta sa bhliain 1998 deireadh leis an fhoréigean a mhair 30 bliain agus tá tionól cumhachtroinnte ann dá bharr, ach tá Éire críochdheighilte go fóill. Sa tábla thíos tá roinnt imeachtaí móra sna Trioblóidí.

1969–94	Rinne grúpaí paraimíleatacha ar gach taobh ionsaithe uafásacha in Éirinn agus i Sasana.	1971	Tugadh imtheorannú gan triail isteach. Bhí méadú suntasach i líon na n-eachtraí paraimíleatacha.
1972	'Domhnach na Fola' – 13 duine scaoilte chun báis ag arm na Breataine i nDoire Cholm Cille ag mórshiúl NICRA	1972	An bhliain ba mheasa de na Trioblóidí – 497 duine básaithe.
1974	Stailc dílseoirí Chomhairle Oibrithe Uladh – briseadh an feidhmeannas comhroinnte cumhachta dá dheasca.	1976	Foirmíodh Gluaiseacht Síochána na mBan (Lucht na Síochána ina dhiaidh) agus bhí tacaíocht aici ó gach taobh.
1981	Stailc ocrais i measc cimí Poblachtacha	1985	An Comhaontú Angla-Éireannach a thug ionchur do Rialtas na hÉireann ar ghnóthaí Thuaisceart Éireann.
1994	D'fhógair Poblachtaigh agus Dílseoirí sos comhraic.	1995	Thacaigh Uachtarán Mheiriceá Bill Clinton le comhchainteanna síochána agus é ar cuairt go Tuaisceart Éireann.
1996	Bhí an Seanadóir George Mitchell ina chathaoirleach ar chomhchainteanna síochána.	1998	Comhaontú Aoine an Chéasta

BÍ GNÍOMHACH 8

a Déan staidéar ar na himeachtaí sa tábla thuas. Sainaithin na himeachtaí ar mhéadaigh scoilteanna idir an dá phobal dá ndeasca. Sainaithin na himeachtaí a thug na dreamanna éagsúla le chéile.

b Diomaite de Chomhaontú Aoine an Chéasta, cad é an t-imeacht eile a bhí thar a bheith tábhachtach maidir leis na dreamanna éagsúla a thabhairt le chéile?

Pleanáil, Déanamh, Athbhreithniú

Rinne tú staidéar ar thréimhse fhada staire agus ar imeachtaí sa dá stát a tháinig ar an saol as siocair na críochdheighilte. Chonaic tú na deacrachtaí a bhain le comhaontú a fháil idir na dreamanna uilig – cionn is go raibh pobal scoilte in Éirinn le fada an lá.

Beidh ort iarmhairtí gearrthréimhseacha agus fadtréimhseacha na críochdheighilte a chur ar an roth iarmhairtí thíos agus ansin naisc eatarthu a shainaithint.

PLEANÁIL

Cruinnigh do chuid smaointe.
- Tabhair sracfhéachaint tríd an chaibidil seo agus déan roinnt nótaí ar:
  - na hiarmhairtí gearrthréimhseacha
  - na hiarmhairtí fadtréimhseacha
  - éifeacht na críochdheighilte inniu.

An gá duit tuilleadh taighde a dhéanamh ar eochairphointí ar bith?

DÉANAMH

Déan an roth iarmhairtí thall a chóipeáil ar phíosa mór páipéir. Scríobh iarmhairtí fadtréimhseacha agus gearrthréimhseacha na críochdheighilte sa roth, chomh maith le héifeacht na críochdheighilte inniu. Tá sampla amháin déanta. Déan iarracht naisc a dhéanamh eatarthu agus tarraing línte ar do léaráid leis na naisc a thaispeáint. Mínigh le comhdhalta an dóigh a bhfuil siad teoranta.

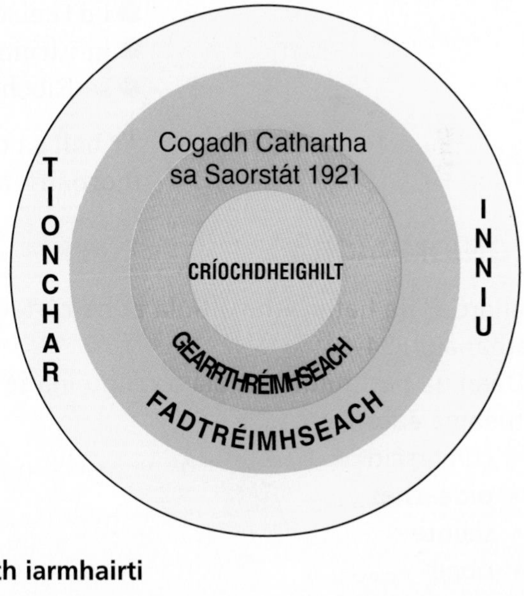

TIONCHAR · INNIU

Cogadh Cathartha sa Saorstát 1921

CRÍOCHDHEIGHILT

GEARRTHRÉIMHSEACH

FADTRÉIMHSEACH

Roth iarmhairti

ATHBHREITHNIÚ

1 Cá rathúla a bhí an léaráid ag cuidiú leat do chuid smaointe a chur in eagar?
2 Cá rathúla a bhí an roth iarmhairtí ag cuidiú leat na naisc a dhéanamh?
3 An dtig leat smaoineamh ar léaráid ar bith eile is féidir leat a úsáid leis an méid a d'fhoghlaim tú sa chaibidil seo a thaispeáint?

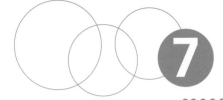

7 Ar tháinig feabhas ar shaol an ghnáthdhuine san fhichiú haois?

Sa chaibidil seo foghlaimeoidh tú an dóigh:
- ✓ le faisnéis a shórtáil, a rangú agus a luacháil lena bhainistiú;
- ✓ leis na coincheapa dul chun cinn agus cúlú a thuiscint;
- ✓ le comhoibriú a dhéanamh le teacht ar chomhaontú.

Sa leabhar seo d'fhoghlaim tú roinnt faoi dhaoine agus imeachtaí clúiteacha san fhichiú haois.

Sa chaibidil seo amharcfaimid ar ghné eile den saol san fhichiú haois – saol an ghnáthdhuine anseo i dTuaisceart Éireann agus in áiteanna eile ar domhan.

Freagróidh tú an cheist seo: 'Ar tháinig feabhas ar shaol an ghnáthdhuine san fhichiú haois?' An ndearnadh dul chun cinn? Bainfidh tú úsáid as an eolas agus na scileanna a d'fhorbair tú sa staidéar seo ar an fhichiú haois sna fiosruithe agat.

Ar leathanaigh 92–5 fiosróidh tú ar athraigh an saol i gcoitinne don phobal agus, más amhlaidh gur athraigh, cad iad na dóigheanna ar athraigh sé:

- ● i dTuaisceart Éireann;
- ● in Éirinn;
- ● sa Ríocht Aontaithe.

Ar ball sa chaibidil, fiosróidh tú faisnéis ar athruithe agus ar fhorbairtí ar fud an domhain.

BÍ GNÍOMHACH 1

Amharc ar na hathruithe áitiúla ar na cártaí ar leathanaigh 94–5.

a Déan na hathruithe áitiúla a rangú ina sé théama éagsúla;
- • cumarsáid
- • oideachas
- • sláinte
- • obair
- • taisteal
- • fóillíocht

i Roinntear an rang ina sé ghrúpa agus bíodh gach grúpa freagrach as téama amháin.

ii Bíodh cúig nóiméad ag gach duine sa ghrúpa cárta a roghnú atá fóirsteanach do théama an ghrúpa.

iii Roinntear na smaointe leis an ghrúpa.

iv Pléitear gach cárta athraithe go dtí go mbainfear comhaontú amach.

v Déantar an chéad dá cholún sa tábla thíos a chóipeáil agus a chomhlánú.

vi Roghnaítear beirt bhall den ghrúpa le roghanna an ghrúpa a mhíniú don chuid eile den rang.

Cur síos ar chárta athraithe	Cad é a deir sé faoin téama againn	Naisc le téamaí eile
Uimhir cárta:	Taispeánann sé:	

b Athbhreithniú:

i Tá cuid mhór de na hathruithe IDIRSPLEÁCH. Agus tú ag éisteacht le roghanna na ngrúpaí eile, comhlánaigh an tríú colún sa tábla – naisc le téamaí eile – agus freagair na ceisteanna seo a leanas:

- Ar thit roinnt athruithe isteach i níos mó ná téama nó catagóir amháin?

- An raibh níos mó athruithe ag téamaí áirithe ná ag téamaí eile?
- An raibh cártaí téama ann nár fhóir i gceart do théama ar bith?

ii Déan mapa coincheap leis an naisc idir na téamaí a thaispeáint.

BÍ GNÍOMHACH 2

Sa dara tasc grúpa agat caithfear cinneadh a dhéanamh ar tháinig feabhas ar an saol, nó a mhalairt, sa chéad seo caite don ghnáthdhuine i dTuaisceart Éireann. An fianaise na hathruithe seo de DHUL CHUN CINN nó de CHÚLÚ?

a Tarraing líne éadaí trasna leathanach smeach-chairte agus scríobh 'dul chun cinn' ar chuaille na láimhe clé agus 'cúlú' ar chuaille na láimhe deise mar a dhéantar sa léaráid.

Cuir gach cárta athraithe ar an líne éadaí san áit ar chóir dó a bheith dar le do ghrúpa. Má roghnaigh sibh cártaí sláinte, mar shampla, is féidir gur chomhaontaigh do ghrúpa gur dul chun cinn a bhí i bhfionnachtain antaibheathach agus go gcuirfear an cárta sin níos gaire don chuaille dul chun cinn dá bharr.

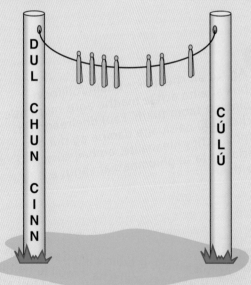

b Athbhreithniú:

i Cuirtear líne éadaí do ghrúpa féin i gcomparáid leo siúd ag na grúpaí eile. Mínítear bhur roghanna leis an chuid eile den rang ar bhur seal. Cóipeáil agus comhlánaigh an leathanach achomair thíos de réir mar a éisteann tú le gach grúpa. Coinnítear scóir agus gach grúpa ag tabhairt tuairisce.

ii Bain úsáid as an chairt scóir leis an cheist seo a fhreagairt 'Ar tháinig feabhas ar shaol an ghnáthdhuine san fhichiú haois?

Catagóir	Dul chun cinn +	Neamhchinnte?	Cúlú -
Iompar			
Fóillíocht			
Sláinte			
Cumarsáid			
Obair			
Oideachas			

ATHRUITHE ÁITIÚLA SAN FHICHIÚ HAOIS

A
Sular tháinig eitiltí saora ar an saol bhí aerthaisteal iontach costasach agus ní fhéadfadh ach daoine saibhre taisteal thar lear. Faoin bhliain 1971, áfach, bhí seacht milliún saoire á dtógáil thar lear ag muintir na Breataine; faoin bhliain 1987 bhí 20 milliún acu á dtógáil.

B
Ag tús an chéid fuair daoine a gcuid eolais ar imeachtaí an domhain ó na nuachtáin. De réir mar a chuaigh an céad ar aghaidh, tháinig cineálacha meáin eile ar an saol cosúil le craolachán agus, ina dhiaidh sin, teilifís. Ag deireadh an chéid d'fhéadfaí cogadh féin a fheiceáil beo ar an teilifíseán.

E
Ag tús an chéid, bhí múinteoireacht thraidisiúnta bunaithe ar léamh, scríobh agus matamaitic. Bhí staidéar á dhéanamh ag daltaí ar réimse ábhar i bhfad níos leithne faoi dheireadh an chéid.

C
Ní raibh oideachas saor in aisce do gach duine ag tús an chéid. Chuir an tAcht Oideachas, 1944, oideachas saor in aisce ar fáil do gach duine go dtí 15 bliana d'aois. Bhí an t-acht seo ina chuid de shraith céimeanna a chuir deiseanna ar fáil do pháistí nach raibh riamh ag a dtuismitheoirí.

D
Tháinig athrú le linn an chéid sna cineálacha poist a bhí ar fáil do mhná. Ba Phríomh-Aire na Breataine í Margaret Thatcher ó 1979 go 1990, an chéad bhean a raibh an post sin riamh aici.

G
Ag tús an chéid b'iad litreacha agus teileagraim na meáin chumarsáide ba mhó ar baineadh úsáid astu. Ag deireadh an chéid ba é an guthán póca an meán cumarsáide ba mhó ar bhain daoine úsáid as.

F
Ag tús an chéid níor bhain fóillíocht phleanáilte ach le maithe agus móruaisle amuigh faoin tuath. Faoi dheireadh an chéid bhí na sluaite daoine ag dul don fhóillíocht phleanáilte, amhail cúrsaí aclaíochta sa ghiomnáisiam agus a leithéid.

H
Ag tús an chéid bhí daoine i dtuilleamaí gáis agus guail den chuid ba mhó mar fhoinsí fuinnimh. Ag deireadh an chéid ba é ola an fhoinse fuinnimh ba mhó a raibh daoine ina tuilleamaí cionn is go raibh sé de dhíth le peitreal agus plaisteach a dhéanamh.

I
Ag tús an chéid fuair a lán daoine bás as siocair galair thógálacha, cosúil le heitinn agus calar. Ag deireadh an chéid bhí athrú mór ar an scéal sin mar gheall ar chóireáil leighis a bhí bunaithe ar antaibheathaigh.

K
Tháinig feabhsuithe móra ar theicneolaíocht sna hospidéil, amhail scanóirí MRI agus innill faoi choinne scagdhealú duáin, i gcaitheamh an chéid ar fad. Ag tús an chéid ní raibh ach treallamh bunúsach ar fáil nach raibh inchurtha le fadhbanna sláinte dá leithéid.

J
Ag deireadh an fhichiú haois bhí baictéir, cosúil le MRSA a fuarthas sa bhliain 1961 sa RA, ar an saol nach bhféadfadh antaibheathaigh dul i ngleic i gceart leo.

L Tháinig an ríomhaire pearsanta ar na saol agus forbraíodh é sna 1970í agus leathnaigh spéis ann i measc an phobail sa chuid eile den chéad. Ag deireadh an chéid bhí sé in úsáid go forleathan i gcúrsaí oideachais, gnó agus fóillíochta.

M Bhí a lán daoine i dtuilleamaí tionscail thraidisiúnta, cosúil le longthógáil, ar son fostaíochta ag tús an chéid. Tháinig meath ar a leithéid le linn an chéid, áfach. Mar shampla, tógadh an long dheireanach, an *Canberra*, ag Harland and Wolff sa bhliain 1960, agus faoin bhliain 1989 ní raibh ach tuairim is 3,000 duine fostaithe ag an chomhlacht.

De réir mar a laghdaigh suntas na tionsclaíochta i dTuaisceart Éireann, tharla fás millteanach san earnáil phoiblí agus ag deireadh an chéid bhí tuairim is an trí cheathrú cuid de na poist ar fad inti.

N Arsa Tony Blair le Cumann Náisiúnta na bPríomhoidí sa bhliain 1999:

'Tá duine fásta as gach cúigear neamhliteartha go praiticiúil – a chiallaíonn go bhfuil seacht milliún duine fásta nach bhfuil ar a gcumas acu leathanach tagartha do phluiméirí a aimsiú sna Leathanaigh Bhuí. Tá céatadán is airde fós, ceathrar as gach deichniúr, nach dtig leo matamaitic bhunúsach a dhéanamh.'

O Tháinig feabhas ar dhálaí oibre san fhichiú haois de réir mar a d'éirigh Ceardchumainn níos eagraithe. Caitheadh le hoibrithe ar dhóigh níos fearr nuair a ritheadh an tAcht um Árachas Náisiúnta mar thug sé ciste ginearálta ar an saol do phá breoiteachta, do phá máithreachais agus do roinnt leasa dífhostaíochta. Bhí dlíthe ann ina dhiaidh sin a chuir cosc ar fhostú páistí agus a leag síos mionleibhéil phá d'oibrithe.

P Tugadh an traein 'Enterprise Express' ar an saol ar 11 Lúnasa, 1947, agus chuir sí bealach furasta gasta ar fáil le dul ó Bhéal Feirste go Baile Átha Cliath. Tháinig meath ar ghnéasán na dtraenacha i dTuaisceart Éireann i gcaitheamh an chéid, áfach.

Q Sa bhliain 1900 rinneadh mórchuid an taistil le cóiste agus capall. Tháinig athrú ar an scéal le teacht an ghluaisteáin. Léiríonn figiúirí gur thiomáin daoine 237.75 billiún míle sa bhliain 2000 – arb ionann é agus turas a dhéanamh go Plútón agus ar ais arís 33 uair, agus is ionann é fosta agus 15 huaire níos mó ná líon na dturas gluaisteáin a rinneadh sa bhliain 1950.

R Bhí méadú mór sa mhurtall ag deireadh an fhichiú haois. Léirigh suirbhéanna i dTuaisceart Éireann sna 1990í go raibh méadú sa líon daoine a raibh murtall orthu. Bhí méadú fosta sa líon páistí a raibh murtall orthu. Bhí 56 faoin chéad de na daoine uilig a ndearnadh a n-airde agus a meáchan a thomhas i Suirbhé um Shláinte agus Leas Sóisialta sa bhliain 1997, bhí siad ceachtar acu róthrom (37 faoin chéad) nó murtallach.

S Lainseáladh clár le gach duine faoi bhun 15 bliana d'aois a vacsaíniú i gcoinne polaimiailítis agus diftéire sa bhliain 1958. Bhí laghdú láithreach suntasach sa líon daoine ar tháinig ceachtar den dá ghalar orthu dá bharr.

T Lainseáladh an tSeirbhís Náisiúnta Sláinte sa bhliain 1948 agus bhí sí le bheith freagrach as sláinte daoine sa Bhreatain 'ó chliabhán go cróchar'. B'éigean do dhaoine díol as cóir leighis roimhe sin, agus bhí sé iontach costasach. Tháinig feabhas ar shláinte an phobail agus ar dhálaí maireachtála, agus tógadh tithe comhairle nua i ndiaidh an Dara Cogadh Domhanda.

U Ní raibh caint ar bith ar 'dhéagóirí' sna 1900í luatha. Ní bhíodh daoine ag smaoineamh ar pháistí ar an dóigh chéanna agus bhíothas ag dúil le go mbeadh siad ann ach ina dtost. Tháinig cultúr an déagóra chun cinn i gcaitheamh an chéid de réir mar a thosaigh an t-aos óg ag éisteacht lena gcuid ceoil féin agus ag cur a rogha féin éadaí orthu. Bhí iarraidh mhór ar irisí déagóra agus dhírigh siad ar íomhá, ar cheol agus ar ghrá.

ATHRÚ AGUS DUL CHUN CINN AG LEIBHÉAL DOMHANDA

Sa chuid roimhe seo d'fhiosraigh do ghrúpa cé acu a tháinig feabhas nó a mhalairt ar shaol an ghnáthdhuine sa RA agus in Éirinn san fhichiú haois. Sa chuid seo fiosróidh tú an raibh an scéal amhlaidh do dhaoine a raibh cónaí orthu i gcodanna eile den domhan.

Mar a d'fhoghlaim tú cheana féin, is annamh a bhíonn ceisteanna simplí sa stair. Leis an fhiosrúchán a dhéanamh níos casta, cuirfimid ceist eile: 'Más amhlaidh gur tháinig feabhas ar an saol – ar bhain an feabhas sin le gach duine nó le líon beag daoine?'

Rinneadh na cártaí athraithe ar leathanach 98 a chatagóiriú mar seo a leanas: 1) Téamh domhanda, 2) Oideachas, 3) Geilleagar domhanda, 4) Éagsúlacht chultúrtha, 5) Éirí na Síne, 6) Sláinte dhomhanda, 7) Fostú páistí, 8) Bagairt núicléach.

BÍ GNÍOMHACH 3

a Amharc ar gach ceann de na mórcheisteanna a shainaithnítear ar leathanach 98 agus déan cinneadh ar tháinig dul chun cinn do na daoine uilig, don tromlach nó don mhionlach amháin. Cóipeáil agus comhlánaigh an tábla thíos tríd uimhir an chárta a chur sa cholún chuí. Is féidir go mbeidh sé deacair agat cinneadh a dhéanamh ar an cholún chuí cionn is go bhfuil tuilleadh eolais de dhíth ort. Mar shampla, má tá tú ag amharc ar Éagsúlacht Chultúrtha is féidir go mbeidh ceisteanna agat amhail na cinn seo a leanas:

- Cad é a dhéanann tíortha le líon mór inimirceach ar mian leo lonnú iontu?
- An gcuireann rialtais na dtíortha sin na hinimircigh ar ais chuig a gcuid tíortha féin?

Tá tuilleadh eolais de dhíth leis na ceisteanna seo a fhreagairt agus is féidir leat cuardach a dhéanamh ar shuíomh UNHCR (www.unhcr.org.uk) mar a bhfaighidh tú faisnéis ar dhídeanaithe agus ar iarrthóirí tearmainn.

Tionchar mórcheisteanna ar fud an domhain			
Tuilleadh eolais de dhíth	Dul chun cinn do gach duine	Dul chun cinn don tromlach	Dul chun cinn don mhionlach amháin

b Déantar duine éigin a cheapadh le fanacht ag an deasc le tábla comhlánaithe an ghrúpa, fad a théann na baill eile den ghrúpa chuig gach ceann de na grúpaí eile. Caithfidh an duine a fhanann ag an deasc míniú a thabhairt do 'thurasóirí' ar an fháth a ndearnadh gach cinneadh. Bainfidh tú úsáid as na scileanna fiosraithe agat anois le samplaí de dhul chun cinn agus de chúlú faoi théama eile a aimsiú – téama atá gar agus ábhartha do gach duine – ÁITEANNA CÓNAITHE. D'athraigh ár n-áiteanna cónaithe agus an dóigh a bhfuilimid beo iontu go mór san fhichiú haois. Bhí gach seomra sa teach athraithe ag an teicneolaíocht agus bhí cruth agus stíl na dtithe athraithe ag faisin athraitheacha.

BÍ GNÍOMHACH 4

Sna grúpaí céanna arís, déantar cinneadh ar an dóigh ar athraigh tithe i dTuaisceart Éireann san fhichiú haois, agus cé acu an feabhsú nó a mhalairt a bhí sna hathruithe sin. Freagraíodh do ghrúpa an cheist seo: 'Cad é an tionchar a bhí ag an fhichiú haois ar thithe cónaithe? An raibh dul chun cinn nó cúlú ann?'

a Bain úsáid as leabharlann na scoile, as leabhair staire agus as an Idirlíon le cuidiú leat. Féadann tú úsáid a bhaint fosta as an fhianaise thart ort.
  • Smaoinigh ar an méid a d'fhoghlaim tú sa teicneolaíocht, sa tíreolaíocht agus sna ranganna eolaíochta agus pléigh an obair leis na múinteoirí agat.
  • Smaoinigh ar bhaill teaghlaigh agat féin agus sa phobal áitiúil a d'fhéadfadh fianaise béil nó amhairc a thabhairt duit ar an dóigh ar athraigh tithe cónaithe sa saol acu.
  • Smaoinigh ar na cineálacha éagsúla tithe sa cheantar agat agus ar na rudaí a d'athraigh.
  • Bain úsáid as nuachtáin, as irisí agus as cláir theilifíse, ar bhonn áitiúil agus náisiúnta, ar fheabhsú tithe.

b Cuir torthaí d'fhiosraithe i láthair mar bhileog de chuid gníomhaire eastáit ag cur síos ar na hathruithe sa teach cónaithe agat san fhichiú haois. Caithfidh tú cinneadh a dhéanamh, áfach, ar na critéir ratha a mbeidh do chuid oibre bunaithe orthu. Seo thíos sampla de chritéir ratha:
  • go bhfuil ceannteideal agus intreoir glinn soiléir ag do bhileog;
  • go bhfuil samplaí inti den dóigh a ndearnadh tithe a fheabhsú i gcaitheamh an chéid, mar shampla láthair, méid, sócúlacht agus áiseanna;
  • go bhfuil léirithe nó grafaicí ábhartha inti.

1 TÉAMH DOMHANDA

Bhí éileamh méadaitheach ar bhreoslaí iontaise amhail ola agus gual as siocair forbairtí nua sa chéad.

3 GEILLEAGAR DOMHANDA

Mhéadaigh geilleagar an domhain mar gheall ar fhorbairtí i gcúrsaí iompair agus cumarsáide agus díolann roinnt comhlachtaí a gcuid earraí ar bhonn domhanda dá bharr.

4 ÉAGSÚLACHT CHULTÚRTHA

Bhog 86 milliún duine go tíortha éagsúla san fhichiú haois le cónaí agus obair a dhéanamh.

2 OIDEACHAS

D'athraigh cúrsaí oideachais san fhichiú haois sa chuid is mó de thíortha an domhain. Mar shampla, ba mhná iad 60 faoin chéad den 10,000 mac léinn in Ollscoil Chabúl, an Afganastáin, sa bhliain 1970, ach sa bhliain 1990 faoi réimeas an Talaban, ní raibh ach tuairim is 3 faoin chéad de ghirseacha a fuair bunoideachas de chineál ar bith. Ní raibh áiseanna sa seomra ranga mar an gcéanna ar fud an domhain. Bhí cuid mhór tíortha i mbéal forbartha a raibh an líon daltaí sa seomra ranga rómhór iontu agus nach raibh acmhainní go leor acu.

5 ÉIRÍ NA SÍNE

D'éirigh an tSín ina táirgeoir ollmhór d'earraí tomhaltais san fhichiú haois. Rinneadh earraí saora a easpórtáil ón tSín ar fud an domhain mar gheall ar chostais shaora agus olltáirgeadh agus díoladh na hearraí sin ar an mhargadh dhomhanda.

6 SLÁINTE DHOMHANDA

Aithníodh VEID/SEIF mar ghalar tromchúiseach i mí na Nollag 1981. Tugadh plá an fhichiú haois air. Fuair trí mhilliún duine bás faoin bhliain 2000 de thinnis a bhain le SEIF.

Cuireadh na Náisiúin Aontaithe ar bun i ndiaidh an Dara Cogadh Domhanda. Is eagraíocht idirnáisiúnta é a bhfuil sé d'aidhm aige síocháin an domhain a chinntiú agus cearta an duine ar fud an domhain a chosaint. Is cuid den eagraíocht iad an Eagraíocht Dhomhanda Sláinte, UNICEF agus UNHCR.

7 FOSTÚ PÁISTÍ

De réir staidéir a rinneadh sa bhliain 1979 bhí 50 milliún páiste faoi bhun 15 bliana d'aois i bpoist éagsúla, go minic faoi dhálaí contúirteacha.

8 BAGAIRT NÚICLÉACH

Phléasc imoibreoir amháin de cheithre imoibreoirí núicléacha ag stáisiún cumhachta Shearnóbail, an Úcráin, i mí Aibreáin 1986. Scaoileadh 100 oiread mhéid na radaíochta a scaoileadh sna buamaí adamhacha ag Hiroshima agus ag Nagasaki sa tubaiste. Ní fios go fóill líon na mbásanna dá dheasca sa deireadh.

Pleanáil, Déanamh, Athbhreithniú

Sa chaibidil seo d'amharc tú ar an dóigh a ndeachaigh athruithe san fhichiú haois i bhfeidhm ar dhaoine ar bhonn áitiúil agus domhanda. Bainfidh tú úsáid as an eolas sin anois le cluiche nathracha is dréimirí bunaithe ar dhul chun cinn agus cúlú a chruthú.

PLEANÁIL

Déan critéir ratha don ghníomhaíocht a fhorbairt agus bain úsáid as na moltaí thíos le cuidiú leat liosta 'le déanamh' a chur le chéile don tionscadal. Caithfidh tú:
- athruithe a roghnú a léireoidh dul chun cinn. Is cearnóga iad seo ag bun do chuid dréimirí.
- athruithe a roghnú ar samplaí de chúlú iad. Beidh siad seo ar bharr na nathracha agat.

DÉANAMH

- Tarraing clár don chluiche nathracha is dréimirí. D'fhéadfá an ríomhaire a úsáid le cuidiú leat clár seicear 8x8 cosúil leis sin thíos a chruthú.
- Déan cinneadh ar líon na nathracha agus dréimirí a bheas agat.
- Déan cinneadh ar shuíomhanna na nathracha agus na ndréimirí ar an chlár.

ATHBHREITHNIÚ

Caith tamall machnaimh ar an ghníomhaíocht seo agus scríobh dialann ghairid ar na gnéithe seo a leanas:
- An méid a d'fhoghlaim tú faoin fhichiú haois agus do thuairim ar cé acu d'éirigh cúinsí níos fearr don ghnáthdhuine nó a mhalairt.
- Cad é mar a d'éirigh leis an ghrúpa agat? An raibh gach duine ann sásta ról a imirt agus cuidiú a thabhairt leis na tascanna comhroinnte? An raibh tú féin i do bhall éifeachtach den ghrúpa?
- Cad é mar a chuideofá leis an ghrúpa gnóithe níb fhearr a dhéanamh an chéad uair eile?

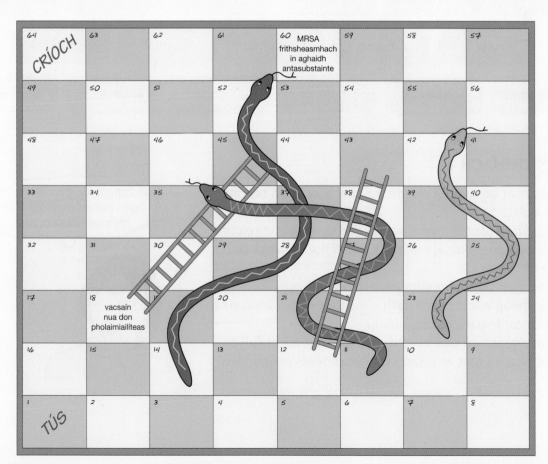

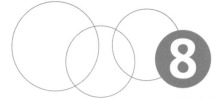

8 Ag feabhsú i mbun cúrsaí staire

Sa chaibidil seo foghlaimeoidh tú an dóigh:

✓ leis an fhoghlaim agat agus an dóigh ar fhoghlaim tú é sa leabhar seo a athbhreithniú;

✓ le torthaí feidhmíochta a shocrú agus a luacháil i gcoinne critéir chomhaontaithe ratha;

✓ le faisnéis a roghnú agus a luacháil as réimse foinsí;

✓ le ham a bhainistiú.

CAD É AN tSAINTÉARMAÍOCHT A D'FHOGHLAIM TÚ SA LEABHAR SEO?

Casadh a lán téarmaí agus focal a bhaineann le cúrsaí staire sa leabhar seo ort a chuidíonn le staraithe cur síos cruinn beacht a dhéanamh ar imeachtaí agus ar athruithe a thit amach san fhichiú haois.

eolas   tuiscint   dul chun cinn   cultúrtha   cúlú   suntasach

polaitiúil   sóisialta   idé-eolaíocht   teicneolaíocht   eacnamaíoch   reiligiúnach

cúis   éifeacht   fiosrúchán   luacháil   léirmhíniú

cinedhíothú   aontachas   críochdheighilt   leithcheal   náisiúnachas   domhanda

BÍ GNÍOMHACH 1

a Amharc ar an sampla seo de shainmhíniú ar an téarma 'idé-eolaíocht':

is é is 'idé-eolaíocht' ann ná barúlacha, ábhair chreidimh agus smaointe duine, maidir le cúrsaí polaitíochta de ghnáth.

b Anois, cum do shainmhínithe féin do na hocht gcoincheap eile a bhfuil dath bándearg orthu, agus déan pictiúr cuí le gach ceann a léiriú.

c An dtuigeann tú ciall na bhfocal eile agus an bhfuil a fhios agat cá háit ar casadh ort iad sa téacsleabhar seo?

Smaointe, barúlacha agus ábhair chreidimh ar chúrsaí polaitíochta.

CAD IAD NA SCILEANNA STAIRE A D'FHORBAIR TÚ SA LEABHAR SEO?

Agus tú i mbun staidéir ar imeachtaí agus ar fhorbairtí san fhichiú haois, d'fhoghlaim tú go gcaithfidh tú scileanna an staraí a úsáid leis na cineálacha éagsúla faisnéise agus foinsí a eagrú agus a anailísiú. Cuirfidh Bí Gníomhach 2 deis ar fáil duit machnamh a dhéanamh ar do chumas scileanna seo an staraí a úsáid.

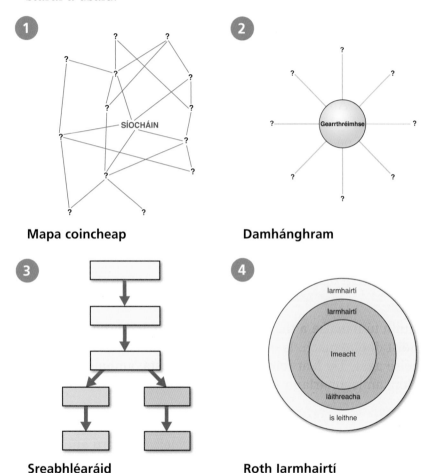

1 SÍOCHÁIN

Mapa coincheap

2 Gearrthréimhse

Damhánghram

3

Sreabhléaráid

4 Iarmhairtí / Iarmhairtí / Imeacht / láithreacha / is leithne

Roth Iarmhairtí

BÍ GNÍOMHACH 2

a Déan cóip den targaid thíos. Anois déan do mhachnamh ar cheithre scil na staraithe. Smaoinigh ar an áit a gcuirfeá gach saighead – mar shampla, cuir an tsaighead a léiríonn an scil is fearr agat san áit is gaire don lár. Cuir na saigheada eile ar an targaid sna háiteanna cuí.

b Faigh sampla sa téacsleabhar d'am nuair a d'úsáid tú gach scil. Inis na torthaí agat do pháirtí.

c Léiríonn pictiúir 1–4 ceithre dhóigh éagsúla le fianaise a chruinnigh tú a chur i láthair ar léaráid. Ar bhain tú úsáid as teicníc ar bith acu seo agus tú ag obair leis an téacsleabhar? Más amhlaidh gur bhain, abair le do pháirtí cén uair a d'úsáid tú í agus cén dóigh.

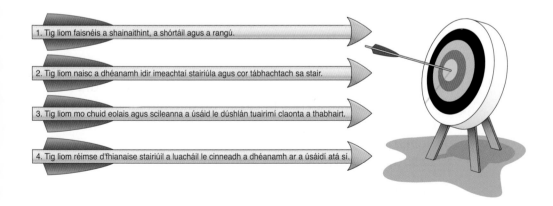

1. Tig liom faisnéis a shainaithint, a shórtáil agus a rangú.

2. Tig liom naisc a dhéanamh idir imeachtaí stairiúla agus cor tábhachtach sa stair.

3. Tig liom mo chuid eolais agus scileanna a úsáid le dúshlán tuairimí claonta a thabhairt.

4. Tig liom réimse d'fhianaise stairiúil a luacháil le cinneadh a dhéanamh ar a úsáidí atá sí.

CAD É AN TOISC IS TÁBHACHTAÍ SAN FHICHIÚ HAOIS?

Bainfidh tú úsáid anois as scileanna uilig na staraithe agat le cur i láthair a dhéanamh ar na tosca a chuaigh i bhfeidhm ar iompraíocht an duine san fhichiú haois.

Céim 1

Seo thíos roinnt tosca:

Polaitiúil – Sóisialta – Eacnamaíoch – Cultúrtha – Idé-eolaíoch
Reiligiúnach – Teicneolaíocht – Cogadh – Sláinte

Cad an toisc ba thábhachtaí dar leat? Ar mhó an claonadh i dtreo na polaitíochta ná an reiligiúin i measc phobal an fhichiú haois? An ndeachaigh cúinsí sóisialta i bhfeidhm níba mhó orthu ná cúinsí eacnamaíocha? Ar mhó an tionchar 'idé-eolaíoch' ná an tionchar 'cultúrtha' orthu? Nó an é go raibh na forbairtí ba shuntasaí sa 'teicneolaíocht'?
Bain úsáid as léaráid cosúil leis sin ar chlé le cuidiú leat liosta na dtosca a eagrú. Cuir an fáth is tábhachtaí ar bharr na léaráide agus na fáthanna eile in ord tábhachta faoina bhun. Cuirtear an fáth is lú tábhacht ag an bhun.

ROGHNAIGH AN TOISC IS TÁBHACHTAÍ

Céim 2
Caithfidh tú fianaise a fháil anois a thacóidh le do roghanna sa cheist dheireanach. Is é an téacsleabhar an chéad fhoinse faisnéise agat. Tig leat foinsí eile a úsáid fosta, amhail an tIdirlíon, an leabharlann áitiúil, cláir faisnéise teilifíse, srl.

Céim 3
Caithfidh tú do chuid smaointe agus faisnéise a eagrú anois le taighde a dhéanamh don chur i láthair agat. Sa chur i láthair caithfidh tú:

- dhá shampla ar a laghad a lua nuair a bhí tionchar ag do thoisc ar iompraíocht an duine;
- dhá fháth ar a laghad a lua den dóigh a raibh na tosca seo suntasach ó thaobh staire de.

Bain úsáid as léaráid amháin ar leathanach 101 le cuidiú leat do chuid smaointe a chur in eagar. Roghnaigh an modh is fearr a chuideoidh leat an dóigh a ndeachaigh gach toisc i bhfeidhm ar iompraíocht an duine a mhíniú.
Leag sprioc-am síos agus cloígh leis.

I ndiaidh duit do chuid fianaise uilig a bhailiú, cruthaigh léaráid radhairc agus taispeáin do shaothar don chuid eile den rang, ag míniú dóibh cad é a chiallaíonn sé.

Céim 4

Anois tá tú réidh cur i láthair a dhéanamh, agus cuideoidh an
fráma thíos leat. An imlíne ar an leathanach seo in úsáid agat,
lean na céimeanna a gcuirtear síos orthu sa léaráid thíos.

Tátal

Tarraing do chuid pointí le chéile. Déan tagairt don cheist
tosaigh agus taispeáin an dóigh arb í an eochairthoisc agat is
tábhachtaí. Tabhair achoimre ar na fáthanna a thug tú agus an
fhianaise a fuair tú. Críochnaigh leis an ráiteas:
'Mar sin de, tig linn a rá go raibh an fichiú haois go príomha
ina haois …'

Déan cinneadh ar do script agus ar na
híomhánna agus an fhuaim a chuirfidh
tú le gach fráma sa chur i láthair.
Cuimhnigh gurb é an chuid eile den rang
an lucht féachana agus go gcaithfidh tú
argóint réasúnaithe a dhéanamh lena
chur ina luí orthu an fáth arb é an toisc
agat an toisc is tábhachtaí.

Cuid 2:
Mínigh an fáth a raibh
tábhacht le gach imeacht
a roghnaigh tú.

Bhí sé seo suntasach cionn is …

Cuid 1:
Luaigh dhá shampla den
tionchar a bhí ag an toisc
a roghnaigh tú.

Chuaigh sé seo i bhfeidhm ar …

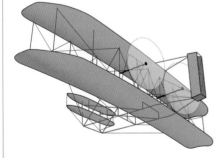

Intreoir

Inis go glinn soiléir don rang cad é do thoisc agus cad chuige
ar roghnaigh tú í. D'fhéadfá breac-chuntas a thabhairt ar an
chineál fianaise/na foinsí eolais a mbainfidh tú úsáid astu le
cur ina luí ar an léitheoir/éisteoir gurb í do thoisc athraithe
an toisc is tábhachtaí.

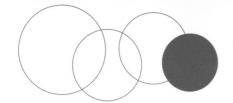

Gluais

Aontachtach
Tagairt do dhuine (Aontachtaí) nó do ghrúpa ar mhaith leo go bhfanfadh Tuaisceart Éireann sa Ríocht Aontaithe.

An tAontas Sóivéadach APSS
Féach APSS
Aontas na bPoblachtaí Sóivéadacha Sóisialacha a bunaíodh sa bhliain 1924 agus a chríochnaigh sa bhliain 1991. Bhain an Rúis agus a cuid comhghuaillithe leis.

Aslonnú
Daoine nó nithe a bhogadh ó áit amháin go háit eile, go háirithe nuair a bhíonn contúirt ann.

Bolscaireacht
Scéalta a chuirtear amach a thacaíonn le cúis nó a chuireann ina héadan. In aimsir cogaíochta cuireann an dá thaobh a leithéid amach le meanma a lucht tacaíochta féin a ardú agus meanma an namhad a ísliú.

Bráithreachas Phoblacht na hÉireann
Gluaiseacht rúnda faoi mhionn a bhunaigh John O'Mahony i Meiriceá a raibh sé d'aidhm aici saoirse a bhaint amach d'Éirinn le lámh láidir.

Bunreacht
Dlíthe faoina rialaítear tír.

Ceart vótála
An ceart vóta a chaitheamh i dtoghcháin pholaitiúla.

Cinedhíothú
Deireadh a chur le grúpa daoine trí choireanna foréigneacha.

Cinsealacht na bProtastúnach
An t-ainm a tugadh ar ghrúpa úinéirí talaimh agus cléire a raibh cumhacht acu in Éirinn ón seachtú haois déag go dtí an naoú haois déag.

Cinsireacht
Faisnéis íogair a chosc a mbeadh contúirt ann, dar le hoifigeach rialtais, do shábháilteacht na tíre, go háirithe in aimsir cogaidh.

Claontacht
Mothúcháin naimhdis i leith daoine ach nach bhfuil aon chiall ná réasún leo.

Cliseadh Shráid Wall
Thit luach stoc i Meiriceá i mí Dheireadh Fómhair 1929. Chuir sé tús le sraith imeachtaí a raibh an Spealadh Mór dá ndeasca.

Cogadh Fuar
Teannas agus naimhdeas a mhair idir an tAontas Sóivéadach, agus na tíortha a bhí faoina réimeas, agus na Stáit Aontaithe, agus tíortha an Iarthair, i ndiaidh an Dara Cogadh Domhanda.

Coilíneacht
Tír nó talamh atá faoi réimeas tíre eile.

Coimeádaigh
Páirtí polaitíochta sa Bhreatain a bunaíodh go luath sa naoú haois déag. Bhí an páirtí i gcoinne Rialtas Dúchais agus thacaigh le hAontachtaithe Uladh i gcoinne Rialtas Dúchais.

Coinscríobh
Duine a thabhairt isteach san arm dá dheoin nó dá ainneoin.

Comhaontú Aoine an Chéasta
Comhaontú idir rialtas na hÉireann agus rialtas na Breataine le Trioblóidí Thuaisceart Éireann a thabhairt chun deiridh, a shínigh mórchuid na bpáirtithe polaitíochta i dTuaisceart Éireann sa bhliain 1998.

Críochdheighilt
Deighilt tíre le teorainn idir an dá chuid.

Cúirt Airm
Cúirt mhíleata a ghearrann pionóis de réir dhlí an airm.

Cumannachas
Smaointe polaitiúla a mholann sochaí gan aicmí. Faoin Chumannachas bíonn an tuarastal céanna ag daoine agus níl cead ag daoine sealúchas príobháideach a bheith acu. Ní bhíonn ach an t-aon pháirtí polaitíochta amháin ann, mar atá An Páirtí Cumannach.

Cúnamh Marshall
Cúnamh airgid a thug SAM do thíortha in Iarthar na hEorpa le cuidiú leo teacht chucu féin ó thaobh cúrsaí airgid de i ndiaidh an Dara Cogadh Domhanda. Bhain sé le Plean Marshall, a chuir George Marshall, Rúnaí Stáit Mheiriceá, le chéile.

Cúlú
An t-athrú olc a tháinig ar shaol na ndaoine thar thréimhse ama.

Daonchara
Duine a thugann airgead carthanais le saol daoine eile a fheabhsú.

Daonlathas
Rialtas na ndaoine: cineál rialtais a bhfuil an chumhacht ag na daoine, agus a bhfuil an chumhacht sin á cur i bhfeidhm ag na daoine féin

Daonlathas an Phobail
nó ag na hionadaithe acu faoi chóras saor toghcháin. Peoples Democracy. Grúpa radacach a bhunaigh mic léinn sa bhliain 1968 ag Ollscoil na Ríona, Béal Feirste, a raibh sé d'aidhm aige poblacht shóisialach a bhunú in Éirinn. Thacaigh an grúpa le Cearta Síbhialta do Chaitlicigh i dTuaisceart Éireann agus d'eagraigh sé mórshiúl ó Bhéal Feirste go Doire Choilm Cille i mí Eanáir 1969.

Dí-armáil
Airm a chur i leataobh, go háirithe nuair a laghdaíonn tír na fórsaí míleata agus an t-ábhar armála aici.

Dílseoirí
Na Protastúnaigh a bhí i gcoinne Fhuascailt na gCaitliceach i dtús ama agus Rialtas Dúchais in Éirinn ina dhiaidh sin sa naoú haois déag. San fhichiú haois úsáideadh an t-ainm le cur síos a dhéanamh orthu siúd i dTuaisceart Éireann a thacaigh le rialtas na Breataine, le Banríon na Breataine agus le páirtithe na nAontachtaithe.

Diúltóir Coinsiasach
Duine a dhiúltaíonn troid a dhéanamh nó a ghabháil san arm ar bhonn coinsiasa.

Dul chun cinn
Feabhsú i saol daoine thar thréimhse ama.

Éireannaigh Aontaithe
Eagraíocht pholaitiúil a bunaíodh san ochtú haois déag le parlaimint na hÉireann a leasú agus a d'éirigh amach sa bhliain 1798 in éadan riail na Breataine le poblacht neamhspleách a bhunadh.

Fíníní
Poblachtaigh Éireannacha sa naoú haois déag ar mhaith leo Poblacht a bhunú in Éirinn, le foréigean dá mbeadh gá leis. Úsáideann roinnt Aontachtaithe an téarma le cur síos a dhéanamh ar Náisiúnaithe go fóill.

Frith-Sheimíteachas
Claontacht nó naimhdeas maidir le Giúdaigh.

Führer
Ceannaire stát na Naitsithe.

Gleasnast
Polasaí a thug Mikhail Gorbachev isteach san Aontas Sóivéadach sna 1980í a chiallaigh oscailteacht sa rialtas.

Idirspleách
Nuair a bhíonn dhá thír ag comhoibriú le chéile deirtear iad a bheith idirspleách.

Impiriúlachas
Leathnú cumhachta ag tír ar thíortha eile, agus coilíniú na dtíortha sin ina dhiaidh go minic.

Impireacht na Breataine
Tíortha an domhain a bhí faoi réimeas na Breataine idir an séú haois déag agus an fichiú haois.

Imshuí
Foréigean a úsáid le hiarracht a thabhairt ar chumarsáid tíre a chosc ar muir, ar tír agus san aer.

Imtheorannú
Príosúnacht gan triail.

Iomaíocht na n-arm
Iomaíocht idir thíortha le líon agus caighdeán na n-arm míleata acu a fheabhsú.

IRA
Arm Phoblacht na hÉireann: eagraíocht mhíleata a d'eascair as Óglaigh na hÉireann a raibh sé d'aidhm aici saoirse ón Bhreatain a bhaint amach d'Éirinn le lámh láidir.

Latrach an Áir
An talamh idir thrinsí an dá thaobh i gcogadh nach raibh ceachtar acu i gceannas air.

Leithcheal
Ag caitheamh le daoine ar bhonn difriúil ó dhaoine eile.

Liobrálaithe
Páirtí polaitíocta sa Bhreatain a bunaíodh sa naoú haois déag. Bhí ceannaire an pháirtí, Gladstone, ina Phríomh-Aire sa Bhreatain a thug dhá bhille Rialtas Dúchais isteach d'Éirinn sna blianta 1886 agus 1893. Tugtar na Liberal Democrats ar an pháirtí sin inniu.

Míleatach
Duine atá sásta úsáid a bhaint as an lámh láidir seachas modhanna síochánta amháin le spriocanna a bhaint amach.

Na Céad Phlandálacha
Córas a chuir rialtas na Breataine i bhfeidhm in Éirinn nuair a chuir sé coilínigh le talamh na nGael a ghabháil sa séú haois déag.

Na Trioblóidí
Tréimhse na coimhlinte i dTuaisceart Éireann a mhair ó 1969 go 1998.

Náisiúin Aontaithe
Eagraíocht idirnáisiúnta a bunaíodh sa bhliain 1945 le síocháin dhomhanda a bhaint amach.

Náisiúnach
Tagairt do dhuine (Náisiúnaí) nó do ghrúpa a thacaigh le neamhspleáchas in Éirinn sa naoú haois déag a raibh spéis aige i gcultúr, i dteanga agus i stair na hÉireann. Úsáidtear an téarma inniu le cur síos a dhéanamh ar dhuine a

Naitsíoch	thacaíonn le hathaontú na hÉireann. Tagairt do Naitsí, ball den Pháirtí Sóisialach Náisiúnta a bunaíodh sa Ghearmáin sa bhliain 1919 agus a raibh Adolf Hitler i gceannas air. Bhí cumhacht sa Ghearmáin ag an Pháirtí seo ó 1933 go 1945.
Óglaigh na hÉireann	Eagraíocht a bunaíodh sa bhliain 1913 le Rialtas Dúchais a bhaint amach.
Pápaire	Focal maslach a chuireann in iúl go bhfuil Caitlicigh dílis don Phápa sa Róimh.
Peireastráice	Athruithe i ngeilleagar agus i gcóras riaracháin na Sóivéide faoi Mikhail Gorbachev sna 1980í.
PIRA	Arm Phoblacht na hÉireann (Sealadach): eagraíocht mhíleata a bunaíodh sa bhliain 1969 le riail na Breataine a ruaigeadh as Tuaisceart Éireann agus le hathaontú na hÉireann a bhaint amach.
Pogram	Focal Rúiseach (Pogrom) a chiallaíonn ionsaithe fíochmhara ar na Giúdaigh.
Rannán Uladh	Baill den UVF a chuaigh isteach in arm na Breataine sa Chéad Chogadh Domhanda, 1914–1918. Bunaíodh 36ú Rannán Uladh i mí Mheán an Fhómhair 1914.
Réiteach Deireanach	Dúnmharú Ghiúdaigh na hEorpa ag na Naitsithe idir 1941 agus 1945.
Rialtas Dúchais	Gluaiseacht in Éirinn sa naoú haois déag a bhí ag iarraidh rialtas inmheánach, cé go mbeadh gnóthaí eachtracha á rialú ag Sasana gó fóill.
Síochánaí	Duine atá in éadan na cogaíochta le coimhlint a réiteach.
Spealadh Mór	Géarchéim dhomanda eacnamaíoch a thosaigh i Stáit Aontaithe Mheiriceá i ndiaidh thobthitim stocmhalartán Mheiriceá ar 29 Deireadh Fómhair 1929. Tháinig deich
B-Speisialtaigh	mbliana de bhochtanas, de dhífhostaíocht, agus de thuarastail ísle i dtíortha ar fud an domhain. Fórsa póilíneachta cúltaca ar tugadh Ulster Special Constabulary air fosta, a bunaíodh sa bhliain 1920. Protastúnaigh den chuid ba mhó a bhí ann agus ní raibh muinín ag Caitlicigh i dTuaisceart Éireann astu.
Scartha	Daoine a bheith deighilte óna chéile bunaithe ar chine, ar reiligiún nó ar thuairimí polaitiúla.
Seicteachas	Tuairimí polaitiúla nó reiligiúnacha ag grúpa daoine a mbíonn biogóideacht, leithcheal agus éadulaingt dá dheasca.
Sinn Féin	Páirtí polaitíochta Poblachtach a bunaíodh sa bhliain 1905 a bhfuil sé d'aidhm aige Poblacht na hÉireann a bhaint amach.
Stát Leasa	Leasuithe rialtais a tugadh isteach sa bhliain 1945 a chuir airgead agus cúram ar fáil do dhuine ar bith a raibh sé de dhíth air ó chliabhán go cróchar.
Steiréitíopáil	Réamhthuairimí ar ghrúpaí daoine, bunaithe de ghnáth ar chuma fhisiciúil.
Taoiseach	Ceannaire rialtas na hÉireann.
Teach na mBocht	Áit a rachadh daoine a bhí beo bocht. Bunaíodh tithe na mbocht in Éirinn sa bhliain 1838 faoi théarmaí Dhlí na mBocht in Éirinn. Bhí Boird Bhardachta freagrach astu agus rinne siad cinneadh ar chead isteach agus ar chúrsaí smachta a bhí dian go minic.
UVF	Ulster Volunteer Force: bunaíodh é sa bhliain 1913 le cur i gcoinne Rialtas Dúchais.
VC	Cros Victoria: an onóir is mó a bhronntar ar shaighdiúir de chuid arm na Breataine, as ucht crógachta i gcogadh. Thugadh isteach é i réimeas na Banríona Victoria sa bhliain 1856.

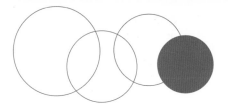

Innéacs

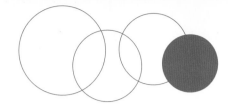

Creidiúintí grianghraf agus admhálacha

lch 14 iontráil dialainne Dr Tabuchi, 7 Lúnasa 1945 as *Hiroshima Diary:The Journal of a Japanese Physician, August 6 – September 30, 1945* le Michihiko Hachiya © University of North Carolina Press, 1955.; **lch 25** dialann ón Chéad Chogadh Domhanda le Emma Duffin © Oifig na dTaifead Poiblí Thuaisceart Éireann; **lch 32** suíomh gréasáin téacs agus lógó © Amnesty International; **lch 59** línte ó *The Berlin Wall* ó *A Tall, Serious Girl* le George Stanley © Qua Books, 2003, arna atáirgeadh le caoinchead an údair.

lch 10 *t* © NASA, *bl* © Corbis, *br* © LUIS ALONSO/EFE; **lch 11** le Caoinchead ó Chomhairle Chathair Bhéal Feirste; **lch 12** *l* © Hulton-Deutsch Collection / Corbis, *r* © A Chederros/Onoky/Photolibrary; **lch 14** © Bettman/Corbis; **lch 18** *l* ©Bettman/Corbis, *r* © Corbis; **lch 19** *t* © Bettman/Corbis, *b* © Neal Preston/Corbis; **lch 22** *t* © Paul Collis/Alamy, *b* le Caoinchead ó Chomhairle Chathair Bhéal Feirste; **lch 23** © Bettman/Corbis; **lch 24** *tl* © Corbis, *tr* © Lordprice Collection/Alamy, *cl* akg-images *cr* © David Spurdens/Corbis, *b* © Airpix/Alamy; **lch 25** AP / Press Association Images; **lch 26** *t* © Corbis, *b* © Camille Moirenc/Hemis/Corbis; **lch 27** *t* © Bettmann/Corbis, *b* Vivien Kelly; **lch 28** *tl* © Brown Brothers, *tr* British Pathé Ltd, *bl* © Bettmann/Corbis, *br* ©Durand-Hudson-Langevin-Orban/Sygma/Corbis; **lch 29** © Corbis; **lch 30** *tl* UN Photo/Paulo Filgueiras, *bl* UN Photo/Gernot Payer, *r* © UNICEF/NYHO2008-1214/Holt; **lch 32** *tr* © Mike Goldwater/Alamy, *tl* © Cónaidhm Idirnáisiúnta Chumainn na Croise Deirge agus an Chorráin Dheirg, *bl* © David Hoffman/Alamy, *br* le Caoinchead ó Amnesty International R.A.; **lch 33** *t* © Bettmann/Corbis, *b* © Topfoto; **lch 35** *t* © Bettmann/Corbis, *b* © Trinity Mirror/Mirrorpix/Alamy; **lch 38** le Caoinchead ó Iontaobhas Lá Cuimhneacháin an Uileloiscthe, www.hmd.org.uk; **lch 39** *t* akg-images, *b* © David Sutherland/Corbis; **lch 40** US Holocaust Memorial Museum, *Ná déantar talamh slán de gur ionann tuairimí agus barúlacha sa leabhar seo agus tuairimí agus barúlacha Iarsmalann Chuimhneacháin an Uileloiscthe nó go dtugann an eagraíocht sin faomhadh ná tacaíocht dá leithéidí;* **lch 41** le Caoinchead ó Chartlann Leabharlann Ghrianghraf Wiener; **lch 44** *tl* US Holocaust Memorial Museum, *tr* © Bettmann/Corbis, *cl* © Bettmann/Corbis, *cr* © Hulton-Deutsch Collection/Corbis, *bl* akg-images, *br* le Caoinchead ó Chartlann Ghrianghraf Leabharlann Wiener; **lch 45** *tl* akg-images, *tr* US Holocaust Memorial Museum, *cl* © Corbis, *cr* © Germany Images David Crossland/Alamy, *b* © Corbis; **lch 47** *tl* Deutsches Historisches Museum, Beirlín, *tr* © mark saunders/Alamy, *bl* © Corbis, *br* © Frank Leonhardt/dpa/Corbis; **lch 48** © Bettmann/Corbis; **lch 50** *tl* © Trinity Mirror/Mirrorpix/Alamy, *tr, cl, cr, b* US Holocaust Memorial Museum; **lch 51** le Caoinchead ó Holocaust Memorial Day Trust, www.hmd.org.uk; **lch 52** *tl* Rex Features, *tr* TREVOR SAMSON/AFP/Getty Images, *bl* CARMEN TAYLOR/AP/Press Association Images, *br* © Gerry Lampen/Reuters/Corbis; **lch 53** *t* © Owen Franken/Corbis, *b* Stephen Ferry/Getty Images; **lch 54** © RIA Novosti/Alamy; **lch 55** Walter Sanders/Time Life Pictures/GettyImages; **lch 56** © Bettmann/Corbis, **lch 57** *t* © Bettmann/Corbis, *b* © Photos 12/Alamy; **lch 58** Leabharlann Uachtaránach Ronald Reagan; **lch 60** DISNEY/RGA; **lch 61** © TrinityMirror/Mirrorpix/Alamy; **lch 62** © David Copeman/Alamy; **lch 64** *t* © reportage/Alamy, *b* © Martin Melaugh/CAIN (cain.ulster.ac.uk); **lch 67** *t* © Leabharlann Pictiúr Mary Evans/Alamy; *b* Hulton Archive/Getty Images; **lch 70** Iasmalanna Náisiúnta Thuaisceart Éireann Bailiúchán Iarsmalann Uladh, *b* Hulton Archive/Getty Images; **lch 72** *tl* © Hulton-Deutsch Collection/Corbis, *tr* © Corbis, *bl* Time Life Pictures/Mansell/Time Life Pictures/Getty Images, *br* © Bettmann/Corbis; **lch 73** *t* Hulton Archive/Getty Images, *b* Arna atáirgeadh le caoinchead ó Iarsmalann Náisiúnta na hÉireann; **lch 74** © Sean Sexton Collection/Corbis; **lch 78** *tr* © Adams Picture Library t/a apl/Alamy, *l* © Vincent McNamara/Alamy, *ct* © JoeFoxDublin/Alamy, *cb* © Barry Mason/Alamy, **lch 81** *t* Sean Sexton/Getty Images, *b* Topical Press Agency/Getty Images; **lch 82** © Bettmann/Corbis; **lch 85** *t* Central Press/Getty Images, *c* Bert Hardy/Picture Post/Getty Images, *b* Paul Schwartzman, Camera Press London; **lch 86** © age fotostock/SuperStock; **lch 87** *t* Keystone/Hulton Archive/Getty Images, *b* © Bettmann/Corbis; **lch 88** *t* Ian Showell/Keystone/Getty Images, *b* Bentley Archive/Popperfoto/Getty Images; **lch 89** *t* Bentley Archive/Popperfoto/Getty Images, *b* James Jackson/Evening Standard/Getty Images.